Anke König

Interaktion als didaktisches Prinzip

Bildungsprozesse bewusst begleiten und gestalten

1. Auflage

Bestellnummer 80025

Bildungsverlag EINS

Haben Sie Anregungen oder Kritikpunkte zu diesem Produkt?
Dann senden Sie eine E-Mail an 80025_001@bv-1.de
Autorin und Verlag freuen sich auf Ihre Rückmeldung.

Die Autorin

Anke König, Dr. phil., ist Juniorprofessorin für Frühpädagogik an der Universität Vechta und Vorstandsmitglied der Kommission „Pädagogik der frühen Kindheit" der Deutschen Gesellschaft für Erziehungswissenschaft (DGfE). Ihr Forschungsschwerpunkt liegt auf den Interaktionsprozessen zwischen Erzieher/-in und Kind als Ausgangspunkt für die Gestaltung einer guten Lernumwelt im Kindergarten.

Bildquellenverzeichnis

Ahnert, Bindungsbeziehungen außerhalb der Familie, © 2. akt. Aufl. 2008 Ernst Reinhardt Verlag München/Basel, S. 261, Abb. 13.1, www.reinhardt-verlag.de: S. 22; Bildungsverlag EINS, Troisdorf/Christian Schlüter: S. 5, 9, 24, 27, 32, 35, 36, 38, 44, 45, 47, 48, 52, 54, 57, 64, 66, 74, 77, 79, 81, 85, 89; Bildungsverlag EINS, Troisdorf: S. 7, 10; Damm, Antje, Ist 7 viel? © Moritz Verlag, Frankfurt/M. 2003: S. 95; © Fotolia.com: S. 20 (Steve Lovegrove), 101 (Petro Teslenko), 102 (firsov), 107 (Steven Belanger), 111 (Hallgerd); Jean-Claude Winkler/getty images: S. 23; König, Anke/Dortmund: Umschlagfoto, S. 6, 12, 15, 17, 19, 21, 26, 59, 88, 97, 99; Nordquist, Sven: Wie Findus zu Pettersson kam © Verlag Friedrich Oetinger, Hamburg 2002: S. 82; picture-alliance/dpa/dpaweb: S. 87; picture-alliance/dpa: S. 16, 75

Sie finden uns im Internet unter:
www.bildungsverlag1.de
www.bildung-von-anfang-an.de

Bildungsverlag EINS GmbH
Sieglarer Straße 2, 53842 Troisdorf

ISBN 978-3-427-**80025**-5

Inhaltsverzeichnis

Online-Ergänzungen zu diesem Buch

Auf der Internetseite http://www.bildung-von-anfang-an.de/80025 finden Sie weitere Beispiele zur Gestaltung intensiver Interaktionsphasen im Kindergartenalltag als Videodokumentation.

Nähere Informationen zur Nutzung dieser Materialien erhalten Sie in Kapitel 6.8 auf S. 100.

1 Einleitung

1 Einleitung

Aktuell stehen die vorschulischen Betreuungsangebote im Mittelpunkt der Bildungsdiskussion. Mit den Reformmaßnahmen wird versucht, die Betreuungsangebote für die unter Dreijährigen auszubauen und die pädagogische Arbeit in Kindertageseinrichtungen mit dem Blick auf die Anschlussfähigkeit an die Schule weiterzuentwickeln.

Das heißt, es geht darum, u.a. die Schnittstellen zwischen Kindergarten[1] und Schule im pädagogischen Alltag zu entdecken und bewusst die Perspektive der Kinder einzunehmen. Der Blick in Richtung Anschlussfähigkeit an die Schule zeichnet einen Weg vor, der uns darüber nachdenken lässt, wie Kinder optimal begleitet werden können. Dabei wird Anschlussfähigkeit hier als Herausforderung an ein ganzheitliches Bildungs- und Lernverständnis verstanden. Die Auseinandersetzungen der Kinder mit ihrer Umwelt sind von Anfang an auf eine soziale Interaktionsebene angewiesen. Das Resonanzverhalten der Eltern, Geschwister, Peers und Pädagog/-innen u. v. a. m. gilt als Basis, um sich weiterzuentwickeln. Neugier und Interesse der Kinder leiten uns dabei, die „Offenheit" für neue Erfahrungen zu erkennen und Kinder bei ihren Lern- und Bildungsprozessen zu ermutigen.

Die meisten Kinder sehen dem Eintritt in die Schule mit Freude entgegen und bringen diese positive Erwartung auf vielfältige Weise zum Ausdruck. Für die Pädagogen/-innen stellt sich hier die Herausforderung, diese Lebensphase gut zu unterstützen und die Bildungsprozesse der Kinder bewusst zu begleiten.

Yannis haben wir bei unserem Besuch im Kindergarten kennengelernt, und er hat uns mit seiner Aussage die Erwartung widergespiegelt, die er mit seinem bevorstehenden sechsten Geburtstag verbindet – den Eintritt in die Schule. In seinem Bild werden Bildungsprozesse deutlich, die sich in ihm bereits vollziehen und die die Anschlussfähigkeit an die schulische Lernumwelt erkennen lassen.

Beispiel:
Yannis: „Ich bin 5 – aber morgen werde ich 6! ... und dann komme ich in die Schule!"

Mit dieser Aussage stellt Yannis nicht nur seine Freude über das Älterwerden in den Vordergrund. Er verdeutlicht vielmehr bereits mit dem kulturellen Symbolsystem der arabischen Ziffern, dass es von 5 zu 6 nur noch ein kleiner Schritt ist und versucht die relative Nähe zwischen den Zahlen zum Ausdruck zu bringen. Diese Nähe verdeutlicht er zum einen durch den Pfeil; zum anderen scheint sich die 6 regelrecht aus der 5 herauszuentwickeln. Yannis verweist damit aber auch auf einen Problemfall oder kognitiven Konflikt, den er zu diesem Zeitpunkt noch nicht durch

[1] *Im Folgenden werden unter dem Begriff „Kindergarten" alle vorschulischen Betreuungsangebote (0–6 Jahre) zusammengefasst, die von einer pädagogischen Fachkraft geleitet werden. Der Begriff „Kindergarten" wird in Anlehnung an Fröbel gewählt, um bewusst den Bildungsauftrag der vorschulischen Betreuung zu betonen.*

kulturelle Vereinbarungen wie zum Beispiel eine Dezimalzahl oder durch die Angabe 5 Jahre, 11 Monate und 29 Tage lösen kann. Solche Lern- und Bildungsprozesse gilt es zu erkennen und bewusst zu unterstützen, z. B. indem ein philosophisches Gespräch, über das Verhältnis von Zahlen inspiriert wird und Beispiele gesucht werden, die an die Erfahrungen der Kinder anknüpfen, wie der Zusammenhang von Jahren und Monaten u. v. a. m.

Mit den derzeitigen Reformen verändert sich auch das Arbeiten in den Institutionen. Damit sind neue Herausforderungen und Chancen verbunden, aber häufig auch der Spagat zwischen Anspruch und Wirklichkeit.

Dieses Buch legt den Blick auf den Kern der pädagogischen Arbeit, d. h., auf die Frage, wie Bildungs- und Entwicklungsprozesse der Kinder gut begleitet werden können.

Dazu werden die Impulse, die die Einrichtungen in den letzten Jahren insbesondere durch die Bildungspläne erhalten haben, miteinander verbunden.

Fragen

Folgende Fragen sollen mit dem Buch beantwortet werden:

- Wie bilden sich junge Kinder?
- Was sagt die Forschung zur Interaktion?
- Welche Bedeutung hat die Beobachtung und Dokumentation für eine gezielte Unterstützung der Kinder bei ihren Lern- und Bildungsprozessen?
- Stehen Interaktion und Didaktik in einem Bezug zueinander?

Praktische Beispiele

Die Antworten auf die Fragen werden durch praktische Beispiele veranschaulicht und nochmals im Praxiskapitel besprochen:

- Gestaltung intensiver Interaktionsphasen im Kindergartenalltag

Reflexionsanreiz Des Weiteren bietet das Buch einen Reflexionsanreiz, die eigene Praxis differenziert unter die Lupe zu nehmen. Dazu werden praktische Tipps zur Videobeobachtung gegeben und ein Beobachtungsraster bereitgestellt:

- Kamera als Mittel zur Reflexion

Jedes Kapitel kann für sich gelesen werden. Praktische Beispiele ergänzen die theoretischen Hintergründe. Wer sich schnell einen Überblick verschaffen möchte, findet bei den Kästen „In Kürze“ kompakte Zusammenfassungen.

Bildungspläne Insbesondere im Anschluss an die Einführung der Bildungspläne in den einzelnen Bundesländern wird der Fokus der Arbeit auch auf spezifische Bildungsbereiche ausgerichtet. Im Mittelpunkt stehen die Bildungsbereiche:

- Sprache
- Mathematik
- Naturwissenschaften und Technik
- Bewegungserziehung und Gesundheit
- Musische Bildung

Bildungsprozesse Durch eine bewusste Ausrichtung auf die Lern- und Bildungsprozesse gilt es insbesondere das Arbeiten in der Kindergartengruppe bewusster zu gestalten, als es bisher der Fall war. Die Lern- und Bildungsprozesse der Kinder werden dabei zum zentralen Ausgangspunkt für die pädagogische Arbeit. Mit diesem Buch soll der Fokus auf die Gestaltung der Lern- und Bildungsprozesse in der frühen Kindheit gerichtet werden, dabei geht es darum, einen integrativen Bildungsansatz zu verfolgen, der dafür sensibilisiert, dass die einzelnen Bildungsbereiche im Kindergarten nicht etwa unverbunden nebeneinander stehen, sondern im Kindergartenalltag geschickt miteinander verbunden werden. Mit dem Buch wird ein Beitrag dazu geleistet, die derzeitigen Ansprüche an die Bildungsarbeit in Kindertagesstätten gut umsetzen zu können.

2 Wie bilden sich junge Kinder?

2 Wie bilden sich junge Kinder?

Das kleinste Samenkorn trägt ... das große Ganze in sich und es entwickelt es im Zusammenhange mit dem großen Lebensganzen. So trage auch ich als Mensch die ganze Vergangenheit, die Fülle der Gegenwart und den Reichtum der Zukunft in mir.
(Friedrich Fröbel, 1851)

Als Friedrich Fröbel 1840 den ersten Kindergarten in Blankenburg gründete, stellte er mit seiner Bildungsphilosophie eine Vorstellung vom Kind in den Mittelpunkt, die in der damaligen Gesellschaft als revolutionär galt. Insbesondere die Idee, alle Kinder zu „Freiheit" und „Autonomie" zu erziehen, wurde kritisch aufgenommen. Die Frage danach, wie sich der Mensch letztendlich bildet, begleitet uns bis heute.

Frage

In diesem Kapitel soll die Frage beantwortet werden:
Von welchen Vorstellungen geht die aktuelle Bildungstheorie aus?

Bevor wir uns dieser Frage im Detail zuwenden, ist zu klären:

- Was wird unter dem Begriff „Bildung" im Allgemeinen verstanden?
- Was unterscheidet die Begriffe „Bildung", „Erziehung", „Entwicklung" und „Lernen" voneinander?

2.1 Was ist Bildung?

Bildung

Bildung kann als Worthülse oder auch Containerwort gelten. Unterschiedliche Theorien schreiben dem Begriff eine je unterschiedliche Bedeutung zu. Auch in unserer Alltagssprache wird der Begriff vielseitig genutzt. Während die eine damit besondere Fähigkeiten verbindet, steht für den anderen spezielles Wissen im Vordergrund, durch das das Bildungsniveau angezeigt wird. Die folgenden Beispiele sollen den unterschiedlichen Gebrauch des Begriffs Bildung verdeutlichen.

Beispiel:
Fähigkeiten: „Marie kann sich schnell auf neue Aufgaben einstellen, weil sie sehr gebildet ist."

Mit dieser Aussage soll zum Ausdruck gebracht werden, dass es Marie leicht fällt, weil sie viele Möglichkeit hat, auf die neuen Anforderungen flexibel zu reagieren bzw. viel Erfahrung in unterschiedlichen Sprachen und Ländern gesammelt hat und sich daher sehr leicht auf Menschen einstellen kann, die aus unterschiedlichen Ländern kommen. Bildung wird hier als ein Set von Fähigkeiten betrachtet, die Marie mit ihrer Persönlichkeit zum Ausdruck bringt. Daneben wird der Begriff Bildung aber auch im Zusammenhang mit speziellem Wissen gebraucht.

Beispiel:
Zustand: „Jan hat das Latinum und damit eine humanistische Bildung."

Auch im Zusammenhang mit der Anschlussfähigkeit von Kindergarten und Schule wird häufig auf einen Aspekt der Entwicklung fokussiert, wie z. B. die sprachliche Bildung. Damit wird einem Aspekt für die Persönlichkeitsentwicklung besondere Bedeutung zugesprochen.
Philosophiegeschichtlich gilt der Begriff „Bildung" als deutsche Besonderheit und grenzt sich klar von dem Begriff „Erziehung" (*education*) ab. Mit Bildung wird jeweils auf die Persönlichkeit als Ganzes Bezug genommen. Bildung rekurriert auf die Erfahrungen des Subjekts (des Menschen) mit sich selbst, mit anderen und der Welt. Im Spannungsverhältnis zwischen dem „Selbst" und dem „Fremden" vollzieht sich der Bildungsprozess. Bildung stellt einen Zusammenhang zwischen neuen Erfahrungen und bisherigen Interpretationen der Wirklichkeit her. Bildung ist in diesem Zusammenhang als die „Selbsttätigkeit" des Menschen zu sehen.

Was ist der Mensch?[1] – Was soll er sein?

Was ist der Mensch?

Die Besonderheit des Menschen wird in der Philosophischen Anthropologie als „Weltoffenheit" bezeichnet. Der Mensch ist von Natur aus nicht festgelegt. Er kann sich durch Bildung selbst hervorbringen. Bildung schließt Vergangenheit und Zukunft mit ein, wie auch in dem Zitat von Fröbel zu Beginn des Kapitels deutlich wurde. Die Bildsamkeit und damit die Lernfähigkeit des Menschen ist Ausgangspunkt dafür, sich damit auseinanderzusetzen, welche Bildungsmöglichkeiten die Gesellschaft dem Einzelnen zur Verfügung stellt bzw. wie sich der Mensch bilden soll. Der Gedanke, den Menschen zu „Freiheit" und „Autonomie" bzw. im Sinne von Immanuel Kant zur „Mündigkeit" zu erziehen, wird bis heute mit dem Bildungsbegriff verbunden. Erziehung wird verstanden als Unterstützung der „Selbstbildung". „Freiheit" und „Autonomie" zu erreichen meint, dass der Mensch lernt, eigenverantwortlich zu handeln. Mündig ist der Mensch, wenn er in der Lage ist, sich seines Verstandes zu bedienen bzw. selbstbestimmt zu agieren. Das Handeln des Menschen soll nicht nur in Richtung der „Selbstbildung" vonstatten gehen, sondern sich vielmehr im Kontext der Gesellschaft verantwortungsvoll dem Nächsten gegenüber realisieren.

---

[1] *Diese Grundfragen gehen auf Immanuel Kant (1724–1804), einen der bedeutendsten Philosophen der Aufklärung, zurück und sind Ausgangspunkt für seine Beschäftigung mit dem Wesen des Menschens*

Selbstbildung

In der derzeitigen Diskussion um die Bildung junger Kinder steht der Begriff der „Selbstbildung" im Mittelpunkt. Der Begriff „Selbstbildung" ist seit dem Neuhumanismus aus der Bildungsdiskussion nicht mehr wegzudenken. Mit dem Begriff wird auf die Selbsttätigkeit des Kindes, sein Vermögen, sich mit seiner sozialen und materiellen Welt auseinanderzusetzen, Bezug genommen. Selbstbildung wird von Ludwig Liegle als autopoietischer Prozess beschrieben. Mit diesem Begriff soll deutlich gemacht werden, dass sich das Subjekt nicht unabhängig von seiner Umwelt entwickelt, sondern Entwicklungsprozesse durch die Erfahrungen mit der sozialen und materiellen Umwelt beeinflusst werden. Erziehung kann eine bewusste Lernumwelt bereitstellen, Selbstbildung ist aber nicht bestimmbar. Vielmehr werden die Einflüsse je unterschiedlich in Abhängigkeit von den bisherigen Erfahrungen und der Möglichkeit, wie sich das Kind auf die Lernumwelt einlassen kann, verarbeitet. Diese Erfahrungen geben Impulse für die weitere Entwicklung. Das Sich-Einlassen auf den Lerngegenstand bzw. die Lernumwelt ist Ausdruck der Selbsttätigkeit des Kindes. Die Selbsttätigkeit weist den Pädagogen/-innen die Grenzen ihres Einflusses auf und gibt dem einzelnen Kind die Freiheit, sich selbstbestimmt zu entwickeln. Diese Balance gilt es in der Pädagogik gut auszuloten und stets im Blick zu haben.

Der Gebrauch des Begriffs „Bildung" bezieht sich sowohl auf den Prozess des „Sich-Bildens" als auch auf den Zustand des „Gebildetseins". Diese Unterscheidung ist wesentlich für einen Konsens in der Diskussion darum, welche Bildung Kinder im Kindergarten erfahren sollen. Wird der Prozesscharakter betont, so steht die „Selbstbildung" im Vordergrund. Werden Bildungsinhalte formuliert, geht es darum, welcher „Zustand" erreicht werden soll.

IN KÜRZE

Mit Bildung wird auf die Lernfähigkeit des Menschen Bezug genommen. Den Mensch zu „Freiheit" und „Autonomie" zu führen ist seit Kant wichtiges Ziel der Pädagogik. Sich selbst zu bilden ist das Streben nach Mündigkeit, um selbstbestimmt zu handeln. Selbstbildung ist auf eine gute Lernumwelt angewiesen. Hier liegt die Aufgabe der Pädagogik. Selbstbildung ist kein bewusster Prozess, sondern vollzieht sich im einzelnen Kind ganzheitlich über soziale Kontakte und Begegnung mit der materiellen sowie kulturellen Umwelt. Bildung ist die Auseinandersetzung des Individuums mit sich selbst, mit anderen und der Welt.

2.2 Was unterscheidet die Begriffe „Bildung", „Erziehung", „Entwicklung" und „Lernen" voneinander?

Lernen ist Entwicklung.
(Lew Semenovich Wygotski)

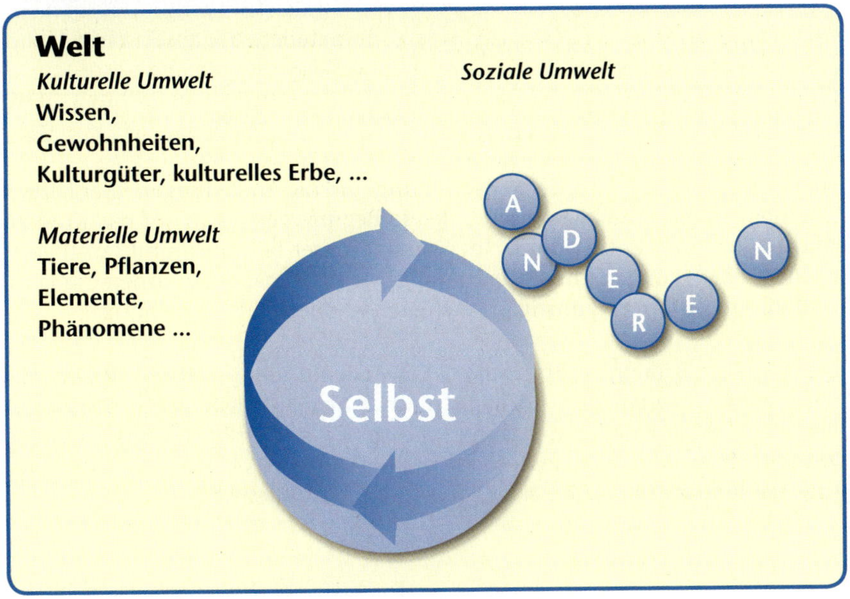

Die Begriffe „Bildung", „Entwicklung", „Erziehung" oder „Lernen" werden in der Alltagssprache häufig ohne klare Abgrenzungen verwendet. Die Begriffe „Bildung" und „Erziehung" stehen jedoch in pädagogischer Tradition. Mit „Bildung" wird die Selbstbestimmtheit des Menschen angestrebt. Bildung hat immer den ganzen Menschen im Blick und interpretiert Erfahrungen im Kontext, wie diese den Menschen als Ganzes verändern. Diese Veränderungsprozesse werden in pädagogischen Zusammenhängen als Bildungsprozesse bezeichnet. „Erziehung" gilt als Prozess, der von den Pädagogen/-innen initiiert wird und als Ziel die Unterstützung der „Selbstbildungskräfte" hat. Die Anregung, die hiermit verbunden ist, bezieht sich auch auf den ganzen Menschen. Im Mittelpunkt stehen dabei die Fragen:

Bildung

Erziehung

„Was ist der Mensch?" und „Was soll er sein?"

Entwicklung

„Entwicklung" und „Lernen" sind Begriffe aus der Psychologie. „Entwicklung" steht im Zusammenhang mit Reifungsprozessen und wird auch auf Teilbereiche angewendet, wie z. B. die Sprachentwicklung, hier steht nur das sprachliche Können im Vordergrund, oder die motorische Entwicklung mit Blick auf die Bewegungsabläufe des Kindes, wie Fein- und Grobmotorik. Das Potenzial für die Entwicklung liegt in den veranlagten (endogen) und von außen bewirkten (exogenen) Dispositionen oder auch Möglichkeiten des Individuums. Der Entwicklungsprozess wird durch Lernprozesse des Individuums vorangetrieben.

Lernen

Unter dem Begriff „Lernen" werden die aktiven Aneignungsprozesse des Individuums verstanden. „Lernen" kann das Individuum nur durch die eigene Auseinandersetzung mit seiner Umwelt. Lernprozesse finden auch in Teilbereichen oder bezogen auf einzelne Funktionen statt, wie z. B. Fahrradfahren lernen – sie wird nicht, wie Bildung, in den Kontext der gesamten Entwicklung einer Persönlichkeit gestellt, sondern ist auf einen „Könnensbereich" bezogen.

Pädagogische Begriffe	Psychologische Begriffe
Bildung/Selbstbildung	Entwicklung
Erziehung → Pädagogen/-innen	Lernen → Individuum

Heute stehen die Begriffe der Selbstbildung und die Auffassungen über Lernen in einem engen Bezug zueinander. Beide Begriffe verweisen auf das Kind als Akteur/-in seiner Entwicklung. Im Kontext dieser bildungs- und lerntheoretischen Überlegungen gilt es auszuloten, wie die Pädagogen/-innen die Lern- und Bildungsprozesse günstig unterstützen können.

IN KÜRZE

Die Begriffe „Bildung", „Erziehung", Entwicklung" und „Lernen" stehen eng miteinander in Verbindung. „Bildung" und „Erziehung" gelten als pädagogische Begriffe, „Entwicklung" und „Lernen" als Begriffe aus der Psychologie. In beiden Wissenschaften wird heute insbesondere die „Eigenaktivität" und „Selbstbildung" bzw. das Kind als Akteur/-in seiner Entwicklung herausgestellt

2.3 Von welchen Vorstellungen geht die aktuelle Bildungstheorie aus?

Derzeit herrscht ein sozialkonstruktivistisches Bildungsverständnis als Ausgangspunkt für das Handeln im Kindergarten vor. Dieses Bildungsverständnis lehnt sich an soziokulturelle Lerntheorien (Lew S. Wygotski) aus dem angloamerikanischen Sprachraum an. Mit dem Begriff „sozialkonstruktivistisches Bildungsverständnis" wird die Betonung auf die soziale Umwelt gelegt. Die soziale Umwelt wird als entscheidender Motor für die Bildungsprozesse gesehen.

Zum besseren Verständnis wird hier die konstruktivistische Bildungsidee von der sozialkonstruktivistischen Perspektive unterschieden.

2.3.1 Wie bildet sich der Mensch?

Konstruktivistisches Bildungsverständnis

Das konstruktivistische Bildungsverständnis geht von Bildung als aktivem Konstruktionsprozess aus. Die Selbstbildung oder auch Eigenaktivität ist das grundlegende Prinzip dieses Aneignungsprozesses. Bildung gilt als Aneignung der Welt über die Selbsttätigkeit des Individuums. Bildung ist ein aktiver Prozess, der vom Kind selbst ausgeht. Wird mit dieser Bildungstheorie argumentiert, impliziert dies die Ablehnung spezieller Bildungsinhalte oder -standards. Dieser Bildungsbegriff setzt auf ein dynamisches Bildungsverständnis, welches durch die Selbstbildung motiviert ist. Die Dynamik der Selbsttätigkeit speist sich in der frühen Kindheit aus Fantasie und Wissen (siehe das folgende Beispiel). Die Weltdeutung bzw. Sinnzuschreibung ist subjektiv, d. h. abhängig von den Erfahrungen, die der einzelne Mensch bereits gemacht hat. Vor diesem Erfahrungshintergrund wird die Welt wahrgenommen, und neue Erfahrungen werden je unterschiedlich interpretiert. Unter dieser Perspektive kann Wissen nicht direkt vermittelt werden, vielmehr kann von außen nur eine Lernumwelt bereitet werden, die Impulse zu setzen vermag, die aber in erster Linie dazu da ist, dem Kind einen Freiraum zu schaffen, um Prozesse der Selbstbildung zu ermöglichen. Pädagogen/-innen stehen hier im Hintergrund und es kommt ihnen die Aufgabe der sensiblen Beobachter/-innen zu.

Beispiel:
Marie ist seit kurzer Zeit im Kindergarten. Sie hat für sich die Farben und Formspiele entdeckt. Ohne die Regeln zu kennen, geht Marie auf vielfältige Weise mit den Materialien um, bis das hin und her sortieren auch für die beobachtende Erzieherin an Struktur gewinnt. Während erst alle Formen scheinbar willkürlich aufgestellt wurden, zeigt sich bald, dass sich die Formen an einer Linie im Raum ausrichten. Kaum steht das letzte Teil, beginnt die Umsortierung nach Größe, was sehr viel schwieriger scheint. Anschließend wird das Tun nun fortgeführt in das Sortieren nach Farben und kaum wenige Minuten später mit der Größe als Sortierkriterium kombiniert.

Das Material hat hier den Prozess gelenkt. Marie hat ihre Auseinandersetzung mit der Welt mit ihren bisherigen Erfahrungen verbunden, vielleicht neue Ideen dazugewonnen und mit Fantasie das Spiel belebt. Auf jeden Fall hat sie vielfältig mit den Materialien experimentiert, bis alle Teile wieder der Reihe nach im Karton verschwinden.

In der Tradition des Selbstbildungsgedankens steht auch die Bildungsphilosophie von Friedrich Fröbel. Fröbel sieht das Spiel, den sogenannten „zufälligen Unterricht", als entscheidend für den Vollzug von Selbstbildungsprozessen an. Der Selbstbildungsprozess wird nach Fröbel durch den angeborenen Tätigkeitstrieb verwirklicht. Das Spiel gilt als selbst gestalteter „Unterricht" und ermöglicht die konzentrierte Auseinandersetzung des Kindes mit der Welt. Viele Theoretiker/-innen und Forscher/-innen auf dem Gebiet der frühen Kindheit haben in der Nachfolge Fröbels ähnliche Bildungs- bzw. Entwicklungsgedanken in Bezug auf die frühe Kindheit entwickelt.

2.3.2 Welche Bedeutung hat die Interaktion für den Bildungsprozess?

Die derzeitige sozialkonstruktivistische Perspektive auf die frühen Bildungsprozesse unterscheidet sich von den konstruktivistischen Annahmen, die die Selbstbildung in den Mittelpunkt stellen. Die sozialkonstruktivistische Bildungsidee verschiebt den Schwerpunkt von den selbstinitiierten Bildungsprozessen hin zu

„Ko-konstruktiv" motiviertes Bildungsverständnis

einem „ko-konstruktiv" motivierten Bildungsverständnis. Das heißt, Bildungsprozesse gehen nicht in erster Linie vom Individuum selbst aus, sondern verlaufen über den Kontakt zu anderen. Unter dieser Perspektive wird davon ausgegangen, dass der Mensch sich als soziales Wesen über den Kontakt zu seinen Bezugspersonen entwickelt. Diese Bildungsidee basiert auf Forschungsbefunden, die im nächsten Kapitel näher erläutert werden. Mit dem sozialkonstruktivistischen Bildungsverständnis ist eine Anschlussfähigkeit in den angloamerikanischen Raum verbunden, denn dieses Bildungsverständnis findet sich heute in vielen westlichen Industrienationen.

Das Bildungs- und Lernverständnis geht zurück auf Lew Semenovich Wygotski. Wygotski war ein Zeitgenosse Piagets. Er lebte von 1896 bis 1934. Wygotski starb bereits mit 38 Jahren an den Folgen einer Tuberkulose. Wygotski setzte sich wie auch Piaget mit der Entwicklung des Menschen auseinander. Im Gegensatz zu der konstruktivistischen Haltung von Piaget[1] vertritt Wygotski eine sozialkonstruktivistische Entwicklungsvorstellung.

Jean Piaget

Piaget geht davon aus, dass das Kind über die Auseinandersetzung mit der materiellen Welt kulturunabhängig, d. h. universell, bestimmte Entwicklungsstufen durchläuft. Wygotski ist dagegen der Ansicht, dass die sozialen Erfahrungen bzw. die kulturelle Umwelt eines Menschen als primärer Motor die Entwicklung des Menschen bestimmt. Ihm zufolge ist die Entwicklung eines Kindes nicht zu verstehen ohne die Bezugnahme auf die soziale und kulturelle Umwelt, in der das Kind aufwächst. Für Wygotski ist das Kind niemals frei von diesen Zusammenhängen. Insbesondere die sozialen Bezugspersonen konfrontieren nach der sozialkonstruktivistischen Auffassung das Kind mit bestimmten Perspektiven auf die Welt bzw. leiten die Erfahrungen, die das Kind machen kann. Piaget sieht mit seinem konstruktivistischen Ansatz den sozialen Bezug als sekundär an, auch die Theorien, die die Selbstbildung des Kindes in den Mittelpunkt stellen (konstruktivistisches Bildungsverständnis), schreiben den sozialen Einflussfaktoren eine weniger dominante Rolle zu.

Wygotski prägte den Ansatz der „Zone der nächstfolgenden Entwicklung". Diese Beschreibung verweist bereits auf die Idee, wie Lernprozesse bei Kindern unterstützt werden können (siehe S. 47 ff.). Die Interaktion zwischen den Individuen nimmt bei den sozialkonstruktivistischen Theorien eine besondere Rolle ein. Das ist mit ein Grund, weshalb derzeit der Interaktion zwischen Erzieher/-innen und Kind eine so große Bedeutung zugeschrieben wird. Durch die Interaktion wird der Bildungs- und Lernprozess vorangetrieben. Zentral für diese sozial motivierten Austauschprozesse ist der Begriff der „Ko-Konstruktion".

Ko-Konstruktion

---

[1] Piaget war Psychologe und hat sich vor allem mit der Entwicklung von Kindern befasst. Für ihn stehen Begriffe, wie „Entwicklung" und „Lernen" im Vordergrund. Obwohl er den Motor für die Entwicklung, ähnlich wie die Selbstbildungstheorien, primär im Individuum verankert sieht, kann er nicht den Vertretern des konstruktivistischen Bildungsverständnisses zugerechnet werden. Bei ihm steht nicht der ganzheitliche Blick auf die Menschwerdung im Vordergrund, sondern die kognitiven Entwicklungsprozesse.

Ko-Konstruktion verweist darauf, dass Wissen im wechselseitigen Austausch aufgebaut wird und jedes Individuum abhängig von seinen bisherigen Erfahrungen seine Wahrnehmung der Welt ko-konstruiert (siehe das folgende Beispiel). Mittels der Ko-Konstruktionsprozesse wird das Kind in das Denksystem seiner soziokulturellen Umwelt involviert. Den Pädagog/-innen kommt unter dieser Bildungsperspektive eine wichtige Rolle im interaktionalen Bezug zu, d. h. den Interaktionsprozessen zwischen Erzieher/-in und Kind wird eine wesentliche Bedeutung für die Bildungs- und Lernprozesse zugesprochen.

Beispiel:

Jan, Felix und Tom spielen gemeinsam am Tontisch. Sie haben unterschiedliche Werkzeuge geformt und beginnen nun ihre Werkzeuge als Handwerker auch zu benutzen. Folgendes Gespräch konnte dabei verfolgt werden:
Jan: „So, jetzt brauchen wir eine Schraube."
Felix: „Hier rein!"
Jan: „Wo ist der Hammer?"
Felix: „Da."
Tom: „Ich bohr das Loch!"
Jan: „Nee, ist doch eine Schraube!"
Tom: „Ja, da muss man ein Loch bohren!"
Jan: „Ach ja, und dann brauchen wir aber auch einen Dübel."

Hier wird deutlich, wie die Kinder im Spiel ihr Wissen ko-konstruktiv in ihrer soziokulturellen Umwelt erweitern. Über die sozialen Austauschprozesse – das Gespräch – wird Jan klar, dass er die Begriffe „Schraube" und „Nagel" bzw. den Umgang mit dem einen oder anderen verwechselt hat. Er hat Hammer und Schraubenzieher geformt und wollte beides gleich zum Einsatz bringen, erst die Anmerkung seines Freundes, der eine Bohrmaschine gebaut hat, bringt ihn zum Nachdenken und zu einer neuen Weltsicht.

Konstruktivistisches Bildungsverständnis	Sozialkonstruktivistisches Bildungsverständnis
Motor: Spannungsverhältnis zwischen „Selbst" und „Fremdem"	Motor: Interaktion des Kindes mit seiner sozialen Umwelt
Prinzip: Selbstbildung	Prinzip: Ko-Konstruktion

IN KÜRZE

Während das konstruktivistische Bildungsverständnis die Selbstbildungsprozesse des Kindes als Motor für die Bildung sieht, wird unter der sozialkonstruktivistischen Perspektive den sozialen Aushandlungsprozessen bzw. der Ko-Konstruktion eine wichtige Rolle zugeschrieben.

2.4 Was ist Interaktion?

„Interaktion" nimmt im Zusammenhang mit der Bildungstheorie Bezug auf die „Aushandlungsprozesse" der Individuen (vgl. Kapitel 3.2). Der Begriff „Interaktion" wird gebildet aus dem Lateinischen „inter" (zwischen) und „actio" (Aktion). Damit wird der Prozess des Handelns zwischen Individuen beschrieben. Im Allgemeinen wird darunter ein Wechselspiel der gegenseitigen Beeinflussung verstanden. „Interaktion" setzt eine wechselseitige Bezugnahme der Individuen voraus und schließt damit an den „Dialog"-Begriff an. „Interaktion" gilt als Grundbegriff der Pädagogik. Mit den „Theorien der Interaktion" wird versucht die Frage zu beantworten, wie Bildung oder Erziehung geschieht. „Interaktionstheorien" im pädagogischen Kontext verweisen auf die Reziprozität. Erziehende und zu Erziehende stehen in einem „Interaktionsverhältnis" und beeinflussen gleichermaßen den Bildungs- und Erziehungsprozess.

Um sich einen verfeinerten Überblick über die Bildungstheorien der frühen Kindheit zu machen, empfiehlt es sich, sich intensiv mit der Literatur zum Weiterlesen auseinanderzusetzen.

Zum Weiterlesen:

Laewen, H.-J./Andres, B. (2002): Bildung und Erziehung in der frühen Kindheit. Bausteine zum Bildungsauftrag von Kindertageseinrichtungen. Neuwied: Kriftel.

Liegle, L. (2003): Kind und Kindheit. In: Fried, L. u. a. (Hrsg.): Einführung in die Pädagogik der frühen Kindheit. Weinheim: Beltz. S. 14–53.

Schäfer, G. (2005): Bildung beginnt mit der Geburt. Weinheim: Beltz.

3 Was sagt die Forschung zur Interaktion?

3 Was sagt die Forschung zur Interaktion?

Hundert Sprachen hat das Kind.
(Loris Malaguzzi)

Frage

Im folgenden Kapitel wollen wir erkunden, welche Antworten einzelne Forschungsarbeiten, in Bezug auf die Bedeutung der Interaktionsprozesse für die Entwicklung der Kinder geben können.

Um die Frage beantworten zu können, werden beispielhaft Forschungsergebnisse zur frühen Eltern-Kind-Interaktion und Ergebnisse aus der internationalen vorschulischen Forschung vorgestellt.

3.1 Wie wird die frühe Eltern-Kind-Interaktion gestaltet?

Eine Familie kann kein Kind erziehen, ohne auch von ihm erzogen zu werden. Sein Heranwachsen besteht aus einer Serie von Herausforderungen an sie, seinen neu sich entwickelnden Möglichkeiten zu sozialer Interaktion dienstbar zu sein.
(Erik H. Erikson, 1973, S. 61)

Forschungsarbeiten in diesem Bereich lassen sich grob in zwei Interessensgebiete unterteilen:

- Arbeiten zur Bindungstheorie
- Arbeiten zur Gestaltung der wechselseitigen Interaktionsprozesse

Beide Forschungsrichtungen sind wichtig, um die Bedeutung der Interaktionsprozesse in der frühen Eltern-Kind-Beziehung zu verstehen.

Die ersten Kontakte, die die jungen Kinder mit ihrer sozialen Umwelt haben, bilden die Basis für die weiteren Entwicklungsprozesse. Die Bedeutung der sozialen Interaktion zwischen Eltern und Kindern in den ersten Lebensjahren soll daher durch einen kurzen Einblick in die Forschung zur Bindungstheorie verdeutlicht werden.

Bindungstheorie

Die Bindungstheorie geht auf Forschungsarbeit von John Bowlby (1907–1990) und Mary Ainsworth (1913–1999) zurück. Sie gehen davon aus, dass Kinder innerhalb des ersten Lebensjahrs eine gute und stabile Beziehung bzw. ein Vertrauensverhältnis zu ihren Eltern aufbauen. Diese Beziehung wird als Bindungsbeziehung bezeichnet und ermöglicht es den Kindern, mit Stresssituationen kompetent umzugehen. Eine gute Bindung zeigt sich in bestimmten Verhaltensweisen im Interaktionsverhalten von Eltern und Kind, wie Blickkontakt, Lächeln, Anschmiegen oder auch Schutzsuchen bei Angst. Durch das Wiegen, Streicheln, Singen u. v. a. m. der Bezugspersonen baut sich eine positive Bindungsbeziehung auf, welche die Befriedigung des kindlichen Bedürfnisses nach Sicherheit und Nähe unterstützt. Ein solches Betreuungssystem fördert das Explorationsverhalten der Kinder, welches sich in Spielfreude oder Neugierverhalten zeigt.

In der Theorie wird davon ausgegangen, dass sicher gebundene Kinder belastende Situationen (Stresssituationen), die z. B. durch die Trennung von den Eltern entstehen, gut bewältigen können und dann auch Ressourcen frei haben, sich auf Neues einzulassen. Diese Freiheit ermöglicht es den Kindern, neue Lernerfahrungen zu sammeln. Während unsicher gebundene Kinder bei der Trennung von den Eltern eine extreme Stresssituation erleben, da sie nicht darauf vertrauen können, dass die Bezugspersonen zurückkommen. Die Kinder leiden unter dem Stress der Trennung und lassen sich nur schwer trösten. Das macht es ihnen schwer, Aufmerksamkeit auf andere Dinge zu richten und neue Erfahrungen dazuzugewinnen. Die Forschung zeigt, dass die Bindungsbeziehung einen großen Einfluss auf die Entwicklung der Kinder hat (Lohaus, 2004). So stellt sich heraus, dass sicher gebundene Kinder im Gegensatz zu unsicher gebundenen im Kindergartenalter soziale Probleme kompetenter zu lösen verstehen und sich konzentrierter mit einzelnen Aufgaben beschäftigen können. Sicher gebundene Kinder zeigen auch in anderen Forschungsarbeiten ein höheres Selbstvertrauen und besseres Selbstwertgefühl (Simó et al., 2000).

Lieselotte Ahnert (2004) hat das Bindungsverhalten von kleinen Kindern auch außerhalb der Familie in der Tagesbetreuung zwischen Erzieher/-in und Kind untersucht. Damit kleine Kinder die Trennung von ihren Eltern kompetent verarbeiten können, ist es notwendig, dass sie auch in der Tagesbetreuung sichere Bindungsbeziehungen aufbauen. Diese Beziehungen helfen den Kindern, die Irritation zu bewältigen, die durch die fremde Umgebung ausgelöst wird.

Frage

Die Frage, die sich dabei stellt, ist:
Lässt sich die Bindungsbeziehung im außerfamiliären Arrangement mit der in der Familie vergleichen?

Dass Kinder bereits in den ersten Lebensmonaten zu mehreren Bezugspersonen ein Bindungssystem aufbauen können, wurde durch unterschiedliche Forschungsergebnisse belegt und gilt heute als gesichert. Eine gute Qualität der Erzieher/-in-Kind-Interaktion in den frühen Lebensjahren hat großen Einfluss auf die Entwicklung der Kinder (siehe das Beispiel von Ahnert, 2008[1] S. 261).

Ahnert belegt mit ihren Studien, dass die Erzieher/-in-Kind-Interaktion nicht als einfaches Abbild der Eltern-Kind-Beziehung gesehen werden kann. Dennoch scheint es so, dass die Kinder in der außerfamiliären Betreuung auch ein verlässliches Beziehungssystem aufbauen können. Die Qualität dieser Betreuungssituation wird auf der Gruppenebene gebildet in Form der sozial-emotionalen Atmosphäre, die nicht nur durch die Erzieher/-innen, sondern auch durch die Gleichaltrigen (Peers) in der Gruppe mitbestimmt wird. Verlässliche Beziehungen können junge Kinder also nicht nur zu ihren engsten Bezugspersonen wie den Eltern aufbauen, sondern auch in der außerfamiliären Betreuung erfahren, durch den Kontakt zu Erzieher/-innen und den anderen Kindern. Diese Studien zeigen, wie wichtig die sozialen Kontakte und Interaktionserfahrungen sind, damit Kinder vertrauensvoll beginnen, ihre Umwelt zu erforschen. Dieses Neugierverhalten ist der Ausgangspunkt für die Kinder, um ganz unterschiedliche Lernerfahrungen zu machen. Im Folgenden soll die Bedeutung der sozialemotionalen Beziehung für die Entwicklung der Kinder durch ein historisches Beispiel nochmals hervorgehoben werden (siehe Grafik und Text unten).

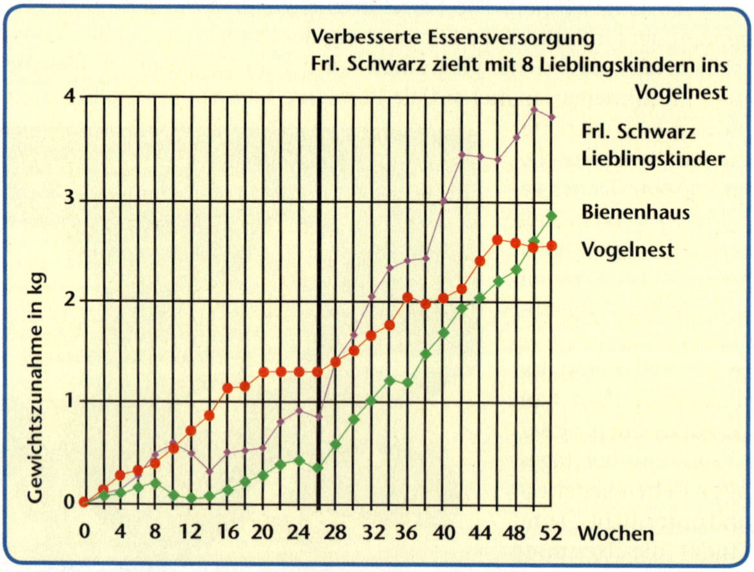

Einfluss der Erzieherinnen-Kind-Beziehung auf die körperliche Entwicklung des Kindes (nach Widdowson 1951) (aus: Ahnert, Bindungsbeziehungen außerhalb der Familie, © 2. akt. Aufl. 2008 Ernst Reinhardt Verlag München/Basel, S. 261, Abb. 13.1. www.reinhardt-verlag.de)

Widdowson (1951) berichtet von einem deutschen Kinderheim, das Kinder von 4 bis 14 Jahren in zwei Einrichtungen („Bienenhaus" und „Vogelnest") kurz nach dem Krieg betreute. In diesen Einrichtungen wurde 1948 u. a. auch das Gewicht der Kinder in 14-tägigen Abständen im Rahmen einer Ein-Jahres-Studie gemessen. Nach 6 Monaten konnte die Essenversorgung im Haus „Vogelnest" durch unbegrenzte Brotgaben, Marmelade und Orangensaft in der Annahme aufgebessert werden, dass dies einen positiven Effekt auf das Körpergewicht der Kinder ausüben würde.

Die Studie fand jedoch einen gegenteiligen Effekt: Die bisher normative Gewichtsentwicklung der Kinder im „Vogelnest“ um monatlich 1,4 kg begann zu stagnieren, während die im „Bienenhaus“ von bisher monatlich 0,5 kg sich plötzlich durch normative Zuwachsraten auszeichnete, obwohl die Essenversorgung dort nicht verbessert worden war. Bei detaillierten Nachforschungen dieser unerwarteten Befunde konnte festgestellt werden, dass sich im Verlauf der Studie auch die Betreuungssituation der Kinder verändert hatte: Weil die Leiterin vom „Vogelnest“ ihre Arbeit aufgegeben hatte, wurde Frl. Schwarz vom „Bienenhaus“ ins „Vogelnest“ versetzt, und zwar genau zu der Zeit, zu der sich dort auch das Essenangebot verbesserte.
Frl. Schwarz war als verbitterte Person bekannt, die ihre Einrichtungen mit außergewöhnlicher Härte leitete und sich durch grobes Verhalten gegenüber den Kindern auszeichnete, wobei selbst Nichtigkeiten zu strengen Verweisen führten. Dennoch hatte Frl. Schwarz acht Lieblingskinder, die diesen Gemeinheiten nicht ausgesetzt waren und die sie mit zum „Vogelnest“ nahm. Diese acht Kinder profitierten nun entscheidend vom besseren Essenangebot. Während sie bereits im „Bienenhaus“ die einzigen Kinder waren, die sich körperlich normativ und damit besser entwickelten als der Rest der Gruppe, zeigten sie nun im „Vogelnest“ mit monatlich 2,8 kg sogar eine zweifach über der Norm liegende Gewichtszunahme. Die stagnierende Gewichtsentwicklung aller anderen Kinder im „Vogelnest“ sowie deren vorausgegangene suboptimale Gewichtsentwicklung im „Bienenhaus“ führt zu dem Schluss, dass insensitive Betreuung und aversive Erzieherinnen-Kind-Beziehungen – wie sie unter der Betreuung von Frl. Schwarz ausgebildet wurden – selbst die körperliche Entwicklung von Kindern nachweislich behindern.
(Ahnert, 2008[1], S. 261)

Interaktionsprozesse

Insbesondere die Forschung zur Gestaltung von wechselseitigen Interaktionsprozessen in der frühen Kindheit gibt uns konkretere Hinweise darauf, wodurch sich qualitative Interaktionsprozesse auszeichnen, d. h. wie Interaktionsprozesse gestaltet sein müssen, damit sich eine vertrauensvolle Beziehung aufbaut.

Sensitives Verhalten

In unterschiedlichen Forschungsarbeiten wurde herausgestellt, dass die Qualität der Bindungsbeziehung insbesondere durch die „Sensitivität“ der Erwachsenen bestimmt wird. Simó et al. (2004) sprechen davon, dass eine Interaktion dann als geglückt betrachtet werden kann, wenn ein sensitives Verhalten der Mutter und eine „heitere Kooperation“ des Kindes den Interaktionsprozess bestimmen. Aufgrund der heute bekannten Forschungsarbeiten wird deutlich, dass das kleine Kind spätestens mit Beginn der Geburt sehr aktiv den Interaktionsprozess mit seiner Umwelt beeinflusst. Die hohe Sensitivität, die die Erwachsenen am Beginn dieser Kommunikationsphase aufbringen müssen, entwickelt sich im Laufe des ersten Lebensjahrs zunehmend in einen gleichberechtigten wechselseitigen Prozess. Die meisten Eltern passen sich intuitiv diesen neu-

en Kommunikationsbedingungen in den ersten Lebenswochen des Kindes an. Die Anpassungsleistung der Eltern unterstützt den Entwicklungsprozess des Kindes. Denn durch die hohe Feinfühligkeit, mit der sie den Entwicklungsprozess begleiten, gelingt es ihnen, sensibel Lernprozesse zu stimulieren und zu unterstützen.

Beispiel:
Die Mutter beobachtet, wie Leon auf dem Bauch liegt. Seit einigen Tagen bevorzugt Leon die Bauchlage. Nachdem er diese seit Tagen erprobt hatte, kann nun auch die Aufmerksamkeit von der reinen Aktivität – Kopf heben und sich umblicken – auf weitere Objekte gelenkt werden. Als Erstes fällt Leon der rote Ball auf, der in einiger Entfernung vor ihm liegt. Die Mutter beobachtet diesen Prozess. Nach einiger Zeit rollt sie Leon den Ball zu, den er freudig versucht zu greifen.

Mit diesem Beispiel wird deutlich, wie stark der Interaktionsprozess am Beginn des ersten Lebensjahrs von der Unterstützung bzw. der sensiblen Beobachtung durch die Bezugspersonen abhängig ist. Kinder erfahren in diesen Interaktionsprozessen vor allem eine hohe Selbstwirksamkeit, denn ihre Aktivitäten (Blick in Richtung roter Ball) werden von der Umwelt wahrgenommen (Beobachtung) und erwidert (Mutter rollt den Ball zu). Das heißt, nicht allein die Sensibilität ist ausreichend für einen gelungenen Interaktionsprozess, sondern erst durch

Reziprozität

die Reziprozität (die angemessene Reaktion auf die Signale des Kindes) wird der frühe Kommunikationsprozess aufgebaut und weiterentwickelt. Dieses adaptive – genau passende – Verhalten der Eltern gilt als wichtiges Qualitätsmerkmal der Eltern-Kind-Interaktion im ersten Lebensjahr. Das reziproke – auf Gegenseitigkeit ausgerichtete – Verhalten der Eltern verstärkt im Kind die Selbstwirksamkeit und trägt so dazu bei, dass sich Kinder als aktiv Handelnde erleben. Responsives Verhalten gibt Kindern ein Gefühl von Sicherheit, welches das Neugierverhalten unterstützt und so Möglichkeiten eröffnet, neue Lernerfahrungen zu machen.

In weiteren Forschungsarbeiten zeigte sich, dass sich das Interaktionsverhalten der Eltern zum Kind im Laufe des ersten Lebensjahres wandelt, während lange Zeit davon ausgegangen wurde, dass die Eltern-Kind-Interaktion sich durch einen synchronen und koordinierten Verlauf auszeichne. Durch differenzierte Analysen des Interaktionsverhaltens konnte gezeigt werden, dass der Interaktionsstil durch einen

„oszillierenden" Verlauf gekennzeichnet ist, d. h. einen Interaktionsverlauf, in dem sich koordinierte Interaktionen und unkoordinierte Prozesse abwechseln. Die unkoordinierten Prozesse fordern das Kind dazu auf, seine bisherige Handlungsweise zu ändern und neue Lernprozesse einzuleiten. Diese Interaktionsmuster bzw. das wechselseitige Abstimmen des Interaktionsverlaufs gilt als Ausgangspunkt für den Interaktionsprozess.

Beispiel:
Der Vater von Leander (drei Monate) hat schon vor einiger Zeit das Versteckspielen mit Leander als herausforderndes gemeinsames Spiel entdeckt. Bisher war das Spiel auf sie beide als Akteure beschränkt. Heute hat der Vater Teddy Linksbein (Stofftier) für das Spiel ausgewählt. Teddy Linksbein sollte also die Rolle des Vaters übernehmen und versteckte sich hinter dem Rücken des Vaters. Leander fixiert zunächst den Ort des Verschwindens, versucht dann aber die Aufmerksamkeit des Vaters durch Blickkontakt und strahlendes Lächeln zurückzugewinnen. Der Vater reagiert darauf mit dem Wiedererscheinen von Teddy Linksbein – Leander lacht. Jetzt verschwindet der Teddy auf der anderen Seite. Leander ist irritiert. Nach und nach lässt er sich aber auf das neue Spiel mit dem Teddy ein, und neue Interaktionsformate entstehen. Am Ende der Woche fixiert Leander deutlich den Ort des Verschwindens und ist glücklich, wenn Teddy Linksbein wieder erscheint. Jetzt aber wechselt der Vater die Seiten hinter seinem Rücken, sodass der Teddy links verschwindet und rechts wieder auftaucht. Leander ist irritiert. Aber auch diesen neuen Impuls wird er vermutlich nach einigen Tagen zu deuten wissen.

Das Beispiel verdeutlicht, wie gerade die nicht koordinierten Interaktionsprozesse (vom Vater zu Teddy Linksbein; vom rechts Verschwinden – rechts Auftauchen zu links Verschwinden – rechts Auftauchen) dazu herausfordern, dass sich das Kind an neue Situationen anpasst. Werden diese Anpassungsleistungen als Lernprozesse erkannt, wird ersichtlich, worin der Motor für die Entwicklung liegt. Die Irritation und die minimale Veränderung bringt die Kinder dazu, sich aktiv und neugierig mit ihrer Umwelt auseinanderzusetzen. Der sozialen Umwelt in Form der Bezugspersonen kommt dabei eine besondere Rolle zu, um die Motivation aufrechtzuerhalten und ein stabiles Vertrauensverhältnis zu gewährleisten, damit die aktive Auseinandersetzung mit einer fremden Situation möglich wird.

IN KÜRZE

Mit diesem kurzen Einblick in die Eltern-Kind-Forschung sollte deutlich werden, wie stark das Kind bereits von Beginn an auf die Interaktion mit seiner Umwelt angewiesen ist. Die Qualitätsmerkmale von Sensitivität und Reziprozität steuern den Entwicklungsprozess. Mittels der unkoordinierten Interaktionsverläufe werden von dem Kind Anpassungsleistungen gefordert, die ihm Lernerfahrungen ermöglichen. Diese Forschungsergebnisse lenken den Blick auf einen bewusst gestalteten Interaktionsprozess in der späteren Kindheit und in der außerfamiliären Betreuung.

3.2 Welches Wissen haben wir über vorschulische Lernumwelten?

Der Blick in die internationale vorschulische Forschung zeigt, dass die Qualität der institutionellen vorschulischen Betreuung durch einen bewusst gestalteten Interaktionsprozess verbessert werden kann. Im Folgenden soll der Blick darauf gelenkt werden, welche konkreten Antworten die Forschung dazu bereithält. Das heißt, wir richten unseren Blick darauf, wie durch die Interaktion bzw. durch bestimmte Interaktionsformate die Entwicklung bzw. die Lern- und Bildungsprozesse der Kinder optimal unterstützt werden können.

Durch unterschiedliche Studien wurde die Erzieher/-in-Kind-Interaktion genauer untersucht. Dabei sollen hier fünf als wesentlich erachteten Kriterien dargestellt werden, die als Qualitätsmerkmale für einen guten Interaktionsprozess gelten können.

Sozial-emotionale Beziehung

Zum einen zeigen Studien, wie die sozial-emotionale Beziehung zwischen Erzieher/-innen und Kindern auf den Interaktionsverlauf Einfluss nimmt (siehe S. 22). Unter sozial-emotionaler Beziehung versteht man das Verhältnis zwischen Erzieher/-innen und Kind mit Blick auf gefühlsvolle und gemeinschaftliche Aspekte. Insbesondere die Emotionalität wird als wichtiger Indikator in der vorschulischen Erziehung angesehen (Tausch et al., 1973; Brandt/Wolf, 1985; Ahnert, 2004). Mit der emotionalen Beziehung wird in den einzelnen Studien auf ein Vertrauensverhältnis zwischen Erzieher/-innen und Kind hingewiesen, das es im gegenseitigen Bezug aufzubauen gilt und welches als Ausgangspunkt für alle weiteren Interaktionserfahrungen gesehen werden kann.

Beispiel:

Lina (2,5 Jahre) ist neu im Kindergarten. Die vielen Kinder und der damit verbundene Geräuschpegel strengen sie sehr an. Der Kindergarten, den Lina besucht, ist eine Ganztageseinrichtung, in der Kinder zwischen 7:30 und 17:00 Uhr betreut werden. Der Kindergarten arbeitet nach einem offenen Konzept, d.h., dass die Kinder zwar in Stammgruppen angemeldet sind, aber alle Kinder alle Aktionsräume gemeinsam nutzen können. Im Kindergarten sind derzeit ca. hundert Kinder zwischen sechs Monaten und sieben

Jahren angemeldet. Lina hat keine Geschwister und lebt mit ihren Eltern relativ zurückgezogen in einem kleinen Einfamilienhaus am Stadtrand. Seit Lina im Kindergarten ist, arbeiten beide Elternteile wieder ganztägig. Für Lina ist damit eine große Umstellung verbunden: Sowohl in Bezug auf die soziale als auch in Bezug auf die räumliche Umwelt hat sich für sie einiges verändert. Die Erzieherin hat bisher kaum Kontakt zu Lina bekommen, seit Tagen beobachtet sie Lina, die sich scheinbar am liebsten im großen Foyer aufhält – in unmittelbarer Nähe zu ihrer Jacke und ihrem Kindergartenrucksack. Die Erzieherin versucht allmählich, das Vertrauen von Lina zu gewinnen, und fordert sie auf, mit ihr in der Küche das Frühstück vorzubereiten. Die Küche gilt als stillster Ort in der Einrichtung. Hier sind immer nur wenige Kinder unterwegs, und am Frühstückstisch wird auf eine entspannte Atmosphäre geachtet. Allmählich stellt sich über die gemeinsame Frühstückssituation in der Küche ein Vertrauensverhältnis ein. Lina beginnt lebhafter die Teller auf den Tischen zu verteilen, trägt selbstständig die Tassen zum Tassenwagen und beginnt allmählich auch zu erzählen. Nach zwei Wochen freut sich Lina immer noch auf das gemeinsame Frühstück und genießt die Zeit mit der Erzieherin in der Küche, aber sie fühlt sich auch zunehmend wohl und zeigt Freude daran, mit der Erzieherin in einem Aktionsraum zusammen zu spielen oder allein langsam auch die Umgebung zu erkunden und zu anderen Kindern Kontakt aufzubauen.

Das Beispiel zeigt, dass die Erzieherin die gemeinsame Situation in ruhiger Umgebung außerhalb der Gruppe für die Kontaktaufnahme nutzt. Dadurch baut sich Schritt für Schritt ein Vertrauensverhältnis auf. Die Küche ist ein für Lina leicht zu überschauender Raum; dort ist es viel stiller und die Erzieherin stellt sich ihr als direkte Bezugsperson zur Verfügung. Durch diese Erfahrungen im kleinen Raum kann Lina sich zunehmend auf ihre neue Umgebung einlassen und diese Stück für Stück erkunden.

Was hier beschrieben wird, ist der Beginn einer Beziehung zwischen Erzieher/-in und Kind. Positive sozial-emotionale Erfahrungen ermöglichen den Aufbau eines Gefühls der Zusammengehörigkeit (vgl. Singer/de Haan, 2007). Diese Erfahrungen sind Ausgangspunkt für komplexe Interaktionserfahrungen, die auf einem gegenseitigen Verstehen beruhen. Bereits mit sehr jungen Kindern kann diese Ebene, wie es bereits auch bei der Eltern-Kinder-Interaktion beschrieben wurde, aufgebaut werden. Im folgenden Beispiel soll noch einmal verdeutlich werden, wodurch sich die Interaktion mit sehr jungen Kindern auszeichnet.

Beispiel:
Die Erzieherin geht auf die vier Monate alte Lea zu, die auf dem Boden mit ihren Fingern spielt. Die Erzieherin wartet, bis Lea sie wahrnimmt und Blickkontakt aufnimmt. Die Erzieherin spricht Lea an: „Hallo, Lea, geht es dir gut?“

Die Erzieherin blickt Lea abwartend an und wartet, bis Lea außer dem Blickkontakt eine Reaktion zeigt. Lea antwortet mit munterem Geplapper und lacht dabei. Erst jetzt erwidert die Erzieherin: „Ich werd' dich jetzt sauber machen." Die Erzieherin wartet ab, bis Lea sich bewegt – jetzt streckt sie ihre Arme der Erzieherin entgegen und begleitet die Bewegung mit einem weiteren Lächeln und Geplapper. Die Erzieherin hebt Lea auf und nimmt sie in den Arm. Sie achtet dabei auf die Mimik und die Körperhaltung von Lea. Die fühlt sich aber anscheinend in der neuen Position schon wohl und bekundet Zufriedenheit mit Plappern und Lachen. „Jetzt kannst du alles sehen, das gefällt dir?" Lea und Erzieherin lächeln sich an.

Nonverbale Kommunikation

Dieses Beispiel zeigt, wie bereits mit sehr jungen Kindern ein Gemeinschaftsgefühl entsteht, wobei die Kinder ihr Wohlfühlen offen zum Ausdruck bringen. Hier zeigt sich, dass auch durch die nonverbale Kommunikation eine gemeinsame Ebene des Verständnisses aufgebaut wird, die zu intensiven Interaktionsphasen führen kann. Junge Kinder wirken entspannt und bekunden ihre Zufriedenheit mit Blickkontakt und einem Lächeln für die Bezugsperson, wenn es ihnen gut geht. Für den Aufbau einer freundlichen intersubjektiven – zwischenmenschlichen – Ebene ist dieser Ausgangspunkt zentral, ebenso wie für einen sensiblen Umgang Miteinander und für das gegenseitige Verstehen. Insbesondere durch das Abwarten auf die Reaktion von Lea wird die Situation entspannt, und es wird dem Kind genügend Freiraum gegeben, sich auf die neue Situation und die Handlungserwartung einzustellen. Durch die differenzierte Wahrnehmung von Leas Verhalten gelingt es der Erzieherin, sich in Lea einzufühlen und ihre Handlungen adaptiv – genau passend – daran auszurichten. Dieses sensible Handeln, das uns im Umgang mit Säuglingen oft selbstverständlich erscheint, kann uns auch beim Aufbau einer guten Beziehung zu Kindern, die Deutsch als Zweitsprache lernen, unterstützen. Auch hier sind: Blickkontakt, Mimik und Gestik, an denen wir versuchen können abzulesen, wie es dem Kind geht und woran es Interesse findet, zentral für den Aufbau einer guten sozial-emotionalen Beziehung und für die Entwicklung eines Gefühls der Zugehörigkeit.

Involvement des/der Erziehers/-in

Neben den emotionalen Faktoren spielt das Involvement des/der Erziehers/-in in den Interaktionsprozess mit dem Kind eine bedeutende Rolle. Involvement bezieht sich auf die Bereitschaft und das Engagement, sich in der Interaktion mit den Kindern zu beteiligen. Das Involvement bietet die Möglichkeit, mit Kindern in Aushandlungsprozesse zu treten und sensible Impulse für eine Weiterentwicklung des Spiels zu setzen, ohne dass die Situation von den Erzieher/-innen dominiert wird.

Beispiel:

Die Kinder haben die Erzieherin zum Essen in die Rollenspielecke eingeladen. Loris (3;9 Jahre) und Max (3;6) spielen Drachen. Als die Erzieherin klingelt, um sich als Besuch anzumelden, sind die beiden gerade in eine lebhafte Diskussion verstrickt, die sie daran hindert, ihren Besuch auch zu empfangen.

Loris: Du bist die Mutter.
Max: Aber ich möchte nicht eine Frau sein.
Loris: Aber du willst kochen.
Max: Ich koche jetzt.
Loris: Dann bist du die Frau.

Max: Nein, das will ich nicht.
Erzieherin: Aber er muss doch keine Frau sein. Drachen sind Drachen. O wie das duftet. Das schmeckt bestimmt sehr lecker.
Max rührt im Topf, und Loris versucht das Tischtuch aufzulegen.
Erzieherin: Hmm, wie das lecker duftet; ihr müsst tolle Köche haben, oder habt ihr selbst gekocht?
Loris: Ja, wir kochen selbst.
Erzieherin: O da liegt eine Krone. Habt ihr eine Prinzessin versteckt?
Max: Nein – das ist meine.
Erzieherin: Was gibt es denn?
Max: Tomaten- und Lauchsuppe.
Erzieherin: ... Lauchsuppe mit Glassplittern, bitte.
Loris: ... und Kieselsteine?
Max: Möchtest du noch etwas Teer zum Trinken?
Erzieherin: Sicherlich. Gerne. O ist das schön schwarz.

Dadurch, dass die Erzieherin auf der Ebene der Kinder mitspielt, gelingt es ihr, das Spiel der beiden zu unterstützen und auch neue Impulse zu setzen. Einmal indem sie über den Konflikt hinweg geht, weil es ihr wichtig ist, dass die beiden ein gemeinsames Spielerlebnis mit nach Hause nehmen, ohne dass das Spiel plötzlich endet. Tatsächlich hat sie Erfolg mit der kurzen Intervention „*Drachen sind Drachen*". Durch die Fantasiegeschichte ist sie im Interaktionsprozess sehr dicht an der Gedankenwelt der Kinder und kann auch Impulse einstreuen, wie z. B. durch den Zusatz „*Tomatensuppe mit Glassplittern*", was die Kinder schnell dazu motiviert, sich weitere Fantasiegerichte auszudenken.

Problemlösungsprozesse

Weitere Forschungsarbeiten greifen differenzierte Interaktionsmuster auf. Dabei wird untersucht, wieweit das Aufgreifen von Konfliktsituationen und Problemlösungsprozessen die Kinder in ihrer Entwicklung unterstützt. Kemple (1997) untersuchte, dass das Interaktionsverhalten der Erwachsenen die Interaktion unter den Peers erfolgreich unterstützen kann, wenn die Erwachsenen die Peers zu selbstständigen Aushandlungs- und Lösungsprozessen führen. Diese Unterstützung vermeidet den Abbruch der Interaktion unter den Peers und fördert die Kommunikation und damit sprachliche, kognitive, aber auch soziale Kompetenzen der Kinder (vgl. Pramling, 1996; Fthenakis et al., 2005)

Beispiel:
Jan beschwert sich bei der Erzieherin, darüber dass Lina ihren Parkplatz mitten in seinen Bauernhof gestellt hat. Die Erzieherin begleitet Jan in die Bauecke und fragt: „Jetzt erzähl noch mal, was stört dich?"
Jan: „Lina hat hier alles vollgebaut – auf die Wiese, da sollen doch die Kühe hin."
Erzieherin: „Hmm. Ich verstehe. Das ist jetzt im Weg. Richtig?"
Jan: „Ja."
Erzieherin: „Was können wir da denn jetzt machen?"
Jan schweigt.
Erzieherin: „Ich glaub, das musst du Lina sagen. Sie hat das vielleicht noch gar nicht gesehen. Ja?"
Jan: „Ja."
Erzieherin: „Lina! Der Jan, der möchte dir was sagen." – „Jan, jetzt erzähl Lina, was dir nicht gefällt."

Jan: „Du sollst es nicht da bauen."
Erzieherin: „Da musst du die Lina noch mal gut angucken, sonst merkt die gar nicht, dass du mit ihr redest."
Jan: „Du sollst es nicht hier bauen."
Erzieherin: „Wie siehst du das Lina?"
Lina: „Aber ich brauch ganz viel Platz."
Jan: „Aber ich war hier zuerst."
Erzieherin: „Ab wo könnte denn die Lina ihren Parkplatz bauen?"
Jan: „Hier – von hier ab."
Erzieherin: „Lina. Wäre das auch für dich gut?"
Lina: „Hmm."
Erzieherin: „Hast du verstanden, was der Jan gesagt hat? Der will nicht, dass der Parkplatz mitten auf der Weide von den Kühen steht. Glaubst du, dass dein Parkplatz auch hier entstehen könnte?"
Lina: „So?"
Jan: „Ja, so ist es gut. Und hier hat es auch Platz."
Erzieherin: „So, jetzt in Ordnung?"
Jan: „Ja."
Lina (zu Jan): „Ja. Das kann dann ein Eckparkplatz werden."

Mit diesem Beispiel wird deutlich, wie die Erzieherin den Kindern ein Skript oder einen Rahmen dafür zur Verfügung stellt, wie Konfliktsituationen im gegenseitigen Gespräch gemeinsam gelöst werden können. In diesem Beispiel nimmt die Erzieherin die Vermittlerinnenrolle ein, indem sie die Kinder darin unterstützt, miteinander in Kontakt zu kommen:

- *„Ich glaub, das musst du Lina sagen."*
- *„Du musst die Lina angucken, sonst merkt sie nicht, dass du mit ihr redest."*
- *„Wie siehst du das Lina?"*
- *„Hast du verstanden, was der Jan gesagt hat?"*
- *„So jetzt in Ordnung?"*

Durch die Unterstützung der Erzieherin wird hier ein Peer-Konflikt gelöst. Die Kinder verfügen noch nicht über ein solches Lösungsmuster. In dieser Situation sind die Kinder mit der verbalen Aushandlung und der Tatsache konfrontiert worden, dass der andere die Situation evtl. völlig anders sieht:

- *„Ich glaub, das musst du Lina sagen. Sie hat das vielleicht noch gar nicht gesehen."*
- *„Wie siehst du das Lina?"*

Diese Erfahrungen tragen zum einen dazu bei, offen miteinander in Kontakt zu treten (ohne zu glauben, der andere mache das absichtlich) und Regeln untereinander auszuhandeln:

- *„Ab wo könnte denn die Lina ihren Parkplatz bauen?"*

Dieser Aushandlungsprozess ist für ein Leben in sozialen Gruppen unerlässlich, damit sich alle dort auch wohlfühlen. Zum anderen eröffnen diese Erfahrungen die bewusste Wahrnehmung eines „Perspektivenwechsels". Gegenseitig auszuhandeln, worum es geht, ermöglicht Lernprozesse, die das Individuum dazu herausfordern, sich an die neue Situation anzupassen.

Perspektivenwechsel

Der Umgang mit Problemlösungssituationen scheint so als eine gute Gelegenheit, dafür, dass Kinder ihre Wahrnehmungen durch Perspektivenwechsel verändern. Über eine bewusste Unterstützung haben Erzieher/-innen hier vielfältige Möglichkeiten Lern- und Bildungsprozesse zu unterstützen. Im Folgenden soll herausgearbeitet werden, wie solch eine „bewusste Unterstützung" im Interaktionsprozess genau aussehen kann.

Wie bereits oben (S. 22ff.) beschrieben, gilt ein sensibler (einfühlsamer) und responsiver Interaktionsstil als Ausgangspunkt für die gemeinsamen Kommunikationsprozesse. Wilcox-Herzog/Ward (2004) und andere Autoren stellen die „offenen Fragen" und „Aufforderungen" als wesentliche Elemente einer gelungenen Interaktion heraus. „Offene Fragen" eröffnen den Kindern die Gelegenheit, mit ihren Gedanken auf vielfältige Weise anzuknüpfen.

Offene Fragen und Aufforderungen

Beispiel:
Erzieherin und Kind sitzen am Maltisch. Laura (5 Jahre) hat ein Bild gemalt.
Erzieherin: „Erzähl mal, was du hier alles gemalt hast?"
Laura: „Das ist der Bodensee."
Erzieherin: „Am Wochenende war ich auch am Bodensee. Und was ist hier zu sehen?"
Laura: „Das sind die vielen Segelschiffe, und da (zeigt auf das Bild), das soll der Sturm sein."
Erzieherin: „O ja – am Wochenende war am Bodensee auch extrem starker Wind. Zum Segeln ist das prima, und die Segelschiffe, was machen die denn jetzt bei dem Sturm?"
Laura: „... die versuchen jetzt an Land zu kommen ... und hier bin ich mit dem Ole (Laura lacht) – und wir fahren ganz super schnell zu unserer Oma in die Schweiz."

Mit dem Stellen von „offenen Fragen" gelingt es, die Kinder zu ermuntern, ihre Gedanken zu äußern. Sie werden dazu angeregt, ihre Gedanken zu formulieren; die Erzieher/-innen haben die Möglichkeit, diese Gedanken aufzugreifen:

- *Erzieherin: „Erzähl mal, was du hier alles gemalt hast?"* (→ Aufforderung, offene Frage – viele Antwortalternativen)
- *Erzieherin: „O ja – am Wochenende war am Bodensee auch extrem starker Wind. Zum Segeln ist das prima, und die Segelschiffe, was machen die denn jetzt bei dem Sturm?"* (→ offene Frage – viele Antwortalternativen)

Häufig ist es aber einfacher, mit Aufforderungen und eher „geschlossenen Fragen" in die Kommunikation einzusteigen und dann nach und nach in einen eher offenen Dialog zu treten:

- *Erzieherin: „Am Wochenende war ich auch am Bodensee. Und was ist hier zu sehen?"* (→ geschlossene Frage – wenig Antwortalternativen)

Unterstützend wirkt es, wenn die Erzieherin mit ihren eigenen Erfahrungen daran anknüpft:

- *Erzieherin: „Am Wochenende war ich auch am Bodensee“* (→ Anknüpfen an eigene Erfahrungen)

Dadurch kann eine auf Wechselseitigkeit aufgebaute Kommunikation entstehen, in der beide Gesprächsteilnehmenden ihre Gedanken einfließen lassen und ein Anknüpfen an Gedankengänge ermöglicht wird.

Aushandlungsprozesse

Aushandlungsprozesse zwischen Erzieher/-innen und Kind gelten derzeit als zentrales Mittel, um die Qualität der Erzieher/-in-Kind-Interaktion zu verbessern (vgl. Siraj-Blatchford et al., 2003; Sylva et al., 2004).

Was wird mit den Aushandlungsprozessen genau beschrieben?

Aushandlungsprozesse verweisen auf einen wechselseitigen Dialog zwischen Erzieher/-innen und Kindern. Siraj-Blatchford et al. (2003) nennen diese Interaktionsprozesse „sustained shared thinking“; im Deutschen ließe sich das sinngemäß mit „dialogisch-entwickelnde Denkprozesse“ übersetzen. Denn es geht darum, im Dialog gemeinsam Gedankengänge zu skizzieren und über wechselseitige Austauschprozesse die Gedankengänge weiterzuentwickeln. Solche Aushandlungsprozesse können beobachtet werden, wenn Erzieher/-innen und Kinder gemeinsam versuchen ein Problem zu lösen, sich Geschichten ausdenken, Konflikte klären und Regeln für einen gemeinsamen Arbeitsprozess aushandeln. Zu der Interaktion gehört ein hohes Involvement aller Beteiligten, und die Bereitschaft, sich aktiv auf den Interaktionsprozess einzulassen. Siraj-Blatchford et al. (2003) sehen dieses Interaktionsformat als besonders unterstützend für die Lern- und Entwicklungsprozesse der Kinder an. In der englischen Studie konnte nachgewiesen werden, dass dieses Interaktionsformat die Entwicklung der Kinder effektiv unterstützt; es gilt als ideale Kategorie. Beachtet werden muss, dass der Interaktionsprozess angebahnt werden muss und in dieser Phase noch nicht von einer solchen Intensität geprägt ist, wie es im Interaktionsformat „dialogisch-entwickelnde Denkprozesse“ erwartet wird.

Beispiel:

Erzieherin und Kinder sind dabei, einen Kürbis für den Elternabend auszuhöhlen. Jane (4 Jahre) und Erzieherin treten dabei in einen Dialog über die Jahreszeiten. (Dauer: 28:11–29:00)

> *Erzieherin: „Mara, wenn du magst, kannst du die Kerne direkt auf den Teller legen. –*
> *Die Jane meint, wir könnten mal versuchen, mit einzupflanzen zu machen."*
> *Jane: „Könnt' man ganz gut machen."*
> *Erzieherin: „Könnt' man ja mal versuchen, wir haben im Frühjahr auch Sonnenblumensamen in die Erde gelegt."*
> *Jane: „Im Sommer, nicht im Frühling."*
> *Erzieherin: „Ach so – im Sommer meinst du? War das schon Sommer?"*
> *Erzieherin: „Ja wenn, dann Frühling oder Sommer. Meistens im Frühling, wenn das Wetter warm wird."*
> *Jane: „Im Frühlingsommer."*
> *Erzieherin: „Im Frühsommer vielleicht – das ist, wenn der Sommer grad anfängt und der Frühling grad aufhört."*
> *Jane: „Ja."*
> *Erzieherin: „Ja – das kann sein."*
> *(König, 2009, S. 274)*

Mit dem Beispiel wird deutlich, welche Impulse/Gedanken die Erzieherin bzw. Jane setzen und wie diese dann wechselseitig aufgegriffen werden.

- *Erzieherin: „Könnt man ja mal versuchen, wir haben im Frühjahr …* (→ Aufgreifen des Impulses von Jane, Weiterentwicklung zeitliche Strukturierung) *„… auch Sonnenblumensamen"* (→ Assoziation/Anknüpfen an die Vorkenntnisse der Kinder – heute: Kürbiskerne)
  „… in die Erde gelegt."
- *Jane: „Im Sommer, nicht im Frühling"* (→ Aufgreifen der Gedanken der Erzieherin, neuer Impuls)
- *Erzieherin: „Ach so – im Sommer meinst du? War das schon Sommer?"* (→ Wiederholen des kindlichen Impulses, verdeutlichen des Diskussionspunktes)
- *Erzieherin: „Ja wenn, dann Frühling oder Sommer. Meistens im Frühling, wenn das Wetter warm wird."* (→ Nutzen des Impulses, Weiterentwicklung mit Erklärung)
- *Jane: „Im Frühlingsommer."* (→ Anknüpfen an die Gedanken der Erzieherin, Weiterentwickeln der Gedanken)
- *Erzieherin: „Im Frühsommer vielleicht – das ist wenn der Sommer grad anfängt und der Frühling grad aufhört."* (→ Aufgreifen der Gedanken des Kindes, Weiterentwickeln mit Erklärung)

Dass der Dialog in Richtung der Jahreszeiten geht und schließlich ausgehandelt wird, wann nun die Sonnenblumensamen in die Erde gelegt wurden, war am Beginn des Prozesses nicht abzusehen. Die Erzieherin greift die Ideen der Kin-

der direkt auf. Gleich am Anfang des Dialogs knüpft sie an die Ideen von Jane an:
„Die Jane meint, wir könnten mal versuchen, mit einzupflanzen zu machen."
Und auch in der weiteren Interaktion ist sie sensibel, als Jane an den Impuls mit den Jahreszeiten anknüpft:

- *Jane: „Im Sommer, nicht im Frühling"*
- *Erzieherin: „Ach so – im Sommer meinst du? War das schon Sommer?"*

Hier beginnt nun der eigentlich dialogisch-entwickelnde Denkprozess. Erzieherin und Jane machen sich intensiv Gedanken darüber, wann das Einpflanzen der Sonnenblumensamen tatsächlich stattgefunden hat. Beide sind hoch involviert und greifen die Gedanken der anderen direkt auf, um ihre eigenen Gedankengänge daran anzuknüpfen und weiterzuentwickeln.
Das wird besonders deutlich bei dem Wortspiel:

- *Jane: „Frühlingsommer"*
- *Erzieherin: „Im Frühsommer vielleicht – das ist wenn der Sommer grad anfängt und der Frühling grad aufhört."*

Hier ist zu erkennen, was mit „Gedankengänge weiterentwickeln" gemeint ist. Dazu sind Impulse notwendig, die Lernprozesse einleiten. Wie hier mit dem Begriff *„Frühsommer* statt *Frühlingsommer"* deutlich wird und insbesondere durch die Erklärung dem Kind zugänglich gemacht werden soll, soll. Solche Dialogphasen werden, wie erwähnt, von Siraj-Blatchford et al. (2003) als „sustained shared thinking" oder auch dialogisch-entwickelnde Denkprozesse bezeichnet.

IN KÜRZE

Die Forschung gibt heute durch viele Studien Antwort darauf, wie wichtig soziale Interaktionserfahrungen für die Entwicklung der Kinder sind. Diese Interaktionserfahrungen sammeln die Kinder nicht nur mit ihren Eltern und Erzieher/-innen, sondern auch in der Auseinandersetzung mit den Peers (Gleichaltrigen). Die Interaktionsprozesse gelten als Impuls dafür, die eigenen Gedanken weiterzuentwickeln. In der Erzieher/-innen-Kind-Interaktion geht es darum, diese Interaktionen zu nutzen, sich den Gedankengängen der Kinder sensibel zu nähern und Anregungen adaptiv (genau passend) daran anzuschließen – sodass die Kinder neue Erfahrung dazugewinnen können, die zu weiteren Lernprozessen Anlass geben.

4 Welche Bedeutung hat die „Beobachtung und Dokumentation“ für eine gezielte Unterstützung der Kinder?

4 Welche Bedeutung hat die „Beobachtung und Dokumentation" für eine gezielte Unterstützung der Kinder?

„Beobachtung und Dokumentation" findet sich als Aufgabenbereich für die Elementarpädagogik heute in jedem der 16 Bildungspläne der einzelnen Bundesländer. Mit „Beobachtung und Dokumentation" wird der Anspruch verbunden, die Qualität in den vorschulischen Einrichtungen zu erhöhen.

Schon bei Ernst Christian Trapp (1745–1818), dem ersten Lehrstuhlinhaber für Pädagogik an der Universität Halle, finden sich Hinweise zur Bedeutung von Beobachtung und Dokumentation für die praktische Pädagogik. Ernst Christian Trapp versuchte eine wissenschaftliche Pädagogik mittels Beobachtung und Dokumentation zu begründen. Das professionelle Handeln unterscheidet sich dadurch vom intuitiven Handeln der Eltern. Ausgangspunkt für Ernst Christian Trapp war die planmäßige Beobachtung, das Abfassen von Protokollen und die Auswertung, um Erziehungsprozesse auf das Kind abstimmen zu können.

Vom Wissen und Wollen ist noch ein großer Schritt zum Können und Tun …
(Ernst Christian Trapp)

Die Idee, Beobachtung und Dokumentation als Möglichkeit zu sehen, sich dem Denken und Handeln von Kindern zu nähern, ist demnach schon alt. Bei vielen Klassikern der Pädagogik wie z. B. auch bei Fröbel finden wir Beschreibungen zur Beobachtung. Auch die bisher eingeführten Beispiele zeigen, dass stets eine „spontane" Beobachtung – zur Einschätzung der Situation – unserem pädagogischen Handeln vorausgeht.

4.1 Was soll durch Beobachtung und Dokumentation erreicht werden?

Werden die einzelnen Bildungspläne herangezogen und daraufhin untersucht, was mit Beobachtung und Dokumentation erreicht werden soll, so lässt sich eine Liste folgender Kriterien aufstellen (siehe die folgende Tabelle; Viernickel/ Schwarz, 2009):

Beobachtung und Dokumentation

Beobachtung und Dokumentation in den Bildungsplänen der einzelnen Bundesländer

Theoretischer Zusammenhang	Methodisches Vorgehen		Was soll beobachtet werden?
■ Beobachtung als Grundlage für pädagogisches Handeln	Rahmenbedingungen	■ Systematisches Beobachten jedes Kindes ■ Jedes Kind wird mindestens einmal im Jahr beobachtet	■ Themen, Interessen und Lernwege ■ Fokus auf Entwicklungsfortschritte
	1. Schritt	■ Beobachtung, schriftlich (Dokumentation)	
	2. Schritt	■ Systematische Auswertung ■ Auswertung im Team	
	3. Schritt	■ Individuelle pädagogische Ziele ableiten	
	4. Schritt	■ Reflexion mit Eltern (Elterngespräche) ■ Austausch mit den Kindern	

Die Tabelle zeigt, dass Beobachtung generell als Grundlage für das pädagogische Handeln gesehen wird. Das ist auch gut nachvollziehbar. In unserem Alltag beobachten wir ständig und richten dabei den Blick stets auf bestimmte Phänomene. In den Blick fallen bei unseren „spontanen" Beobachtungen meist die Dinge, mit denen wir uns gerade beschäftigen.

Spontane Beobachtung

Beispiel:
Am Morgen haben Sie es eilig, noch die nächste U-Bahn zu erwischen. Gestern Abend war es sehr warm, und eigentlich ist davon auszugehen, dass eine Jacke auch am frühen Morgen unnötig ist. Auch der Wetterbericht hat Sonne und warme Temperaturen angekündigt. Ein Blick aus dem Fenster verunsichert Sie aber – draußen ist es bewölkt, die Sonne ist nicht zu sehen. Sie greifen zur Jacke und verlassen eilends das Haus.

An der U-Bahn-Station beobachten Sie Folgendes:
- *eine Dame gegenüber mit dickem Pelzmantel*
- *einen Herrn in Anzug und Krawatte mit Aktentasche*
- *eine Gruppe SchülerInnen – die meisten tragen bauchfreie Pullover*
- *einen Studenten, leicht zusammengekauert auf der Bank*
- *eine ältere Frau mit Strickjacke*

Welche Gedankengänge bestimmen hier die Beobachtung?

Ganz unbewusst werden hier die Beobachtungen von den Gedanken bestimmt, die uns eben noch beschäftigt haben, als wir aus dem Haus gingen. Der Blick fällt auf die Kleidung (Pelzmantel, Anzug, bauchfreie Pullover) und das Verhalten (zusammengekauert), welches evtl. mit den Temperaturen am frühen Morgen in Verbindung gebracht werden kann.

Beobachten können wir stets nur das, was auf unseren bisherigen Erfahrungen beruht.

Systematische Beobachtung

Was ist im Gegensatz dazu mit dem Begriff „systematische" Beobachtung gemeint?
Wodurch soll die Beobachtung im Kindergarten geleitet werden (siehe Tabelle oben, S. 37, dort Methodisches Vorgehen/Rahmenbedingungen)?

Mit dem Begriff „systematische" Beobachtung wird darauf abgehoben, dass eine bestimmte Beobachtungsstruktur im Vorfeld der Beobachtung ausgewählt wird. Dieses planmäßige Vorgehen geschieht in der Absicht, sich mehr Klarheit über bestimmte Entwicklungsschritte der Kinder oder über bestimmte Interessengebiete der Kinder zu verschaffen.

Pädagogische Diagnostik

Beobachtung ist eine Methode der „pädagogischen Diagnostik". „Diagnostizieren" ist ebenso wie „Didaktik", „Beraten", „Planen", „Organisieren" usw. eine Grundform pädagogischen Handelns. Die unterschiedlichen Handlungsformen ermöglichen es den Pädagog/-innen, entsprechend auf die Anforderungen des Handlungsfeldes zu reagieren. „Pädagogische Diagnostik" wird in der Elementarpädagogik meist mit den Begriffen „Beobachtung und Dokumentation" beschrieben. Um sich aber dieser speziellen Grundform des pädagogischen Handelns zu nähern und besser zu verstehen, wozu Beobachtung und Dokumentation führen sollen, ist es notwendig, den Begriff „pädagogische Diagnostik" zunächst im Detail zu betrachten.

Diagnostik wird aus dem griechischen *diágnosis* abgeleitet. Mit dem Begriff werden die „unterscheidende Beurteilung" und die „Erkenntnis" in Anschlag gebracht. Der diagnostische Prozess im pädagogischen Handeln soll also dazu dienen, mehr Einblick in pädagogische Prozesse zu bekommen.

4.2 Wie kommen wir zu dieser Erkenntnis?

In der Sozialwissenschaft stehen uns zwei Quellen zur Verfügung, um an Informationen über das Individuum zu kommen:

- Befragung
- Beobachtung

Die pädagogische Diagnostik knüpft damit an die Alltags„diagnostik" an, wie wir sie in Form von Beobachtungen wie den an der U-Bahn-Haltestelle beschriebenen oder auch im persönlichen Gespräch (Befragung) täglich einsetzen, um uns in unserer Alltagswelt zu orientieren und „Informationen" für unser Handeln dazu zu gewinnen. Der Unterschied zwischen Alltagsdiagnostik und professioneller pädagogischer Diagnostik liegt in der Art des Vorgehens, d. h. spontan vs. systematisch und geplant.

Befragungen

Befragungen sind provozierende Vorgehensweisen. Provozierend, da hier über eine bestimmte Frageform dem Kind eine spezielle Antwort entlockt wird. Dieses Verfahren wird häufig eingesetzt, wenn es darum geht, den Entwicklungsstand der Kinder im Bereich Sprache oder auch Mathematik zu erfassen. Dann werden Kindern Aufgaben gestellt, z. B. in der Form:

„Stelle den kleinen Eisbären auf den Eisberg mit der Seerobbe."

Diese Aufgabe dient im Bereich Sprache dazu, über Handlungsanweisungen das Sprachverständnis der Kinder zu erfassen. Mithilfe solcher Aufgaben und Fragestellungen werden also z. B. ganz bestimmte Teilbereiche der Sprache abgefragt.

Beobachtung

Neben dem provozierenden Vorgehen über die Befragungen, können wir auch über die Beobachtung nähere Informationen über die Entwicklungs- oder Lernprozesse der Kinder in Erfahrung bringen. Beobachtungsverfahren sind wesentlich zeitaufwendiger, denn wir müssen abwarten, bis sich das Ereignis, welches wir beobachten wollen, zeigt. Derzeit stehen uns für die Praxis unterschiedliche Beobachtungverfahren zur Verfügung. Ein Beobachtungsverfahren, um die Lernprozesse von Kindern zu erfassen, sind die „Bildungs- und Lerngeschichten" („Learning Stories") von Margret Carr aus Neuseeland, die vom Kinder- und Jugendinstitut in München für den deutschen Sprachraum angepasst wurden. Dieses Beobachtungsverfahren gilt als offenes Beobachtungsverfahren. Nichtsdestotrotz wird unser Blick während der Beobachtung sehr gut auf das Handeln der Kinder gelenkt, sodass wir uns differenziert damit auseinandersetzen können, was das Kind beschäftigt. Die Bildungs- Lerngeschichten dienen dazu, Lernprozesse von Kindern zu dokumentieren und dabei näher an das Kind als Akteur/-in heranzukommen. Die Dokumentation hilft uns zu verstehen, wie Kinder sich mit Phänomenen auseinandersetzen und wie konzentriert sie dabei vorgehen. Als Pädagogen/-innen können wir uns so sensibilisieren und unser Handeln an diesen Beobachtungen ausrichten, d. h., wir können Impulse gezielt und auch sehr sensibel auf den Lernprozess der Kinder abstimmen.

Pädagogische Diagnostik umfasst alle diagnostischen Tätigkeiten, durch die bei einzelnen Lernenden und den in einer Gruppe Lernenden Voraussetzungen und Bedingungen planmäßiger Lehr- und Lernprozesse ermittelt, Lernprozesse analysiert und Lernergebnisse festgestellt werden, um individuelles Lernen zu optimieren.
(Karl-Heinz Ingenkamp/Urban Lissmann, Lehrbuch der Pädagogischen Diagnostik, © 2008, 6. Auflage Beltz Verlag, Weinheim & Basel)

Befragungen, wie sie durch Tests und Screeningverfahren durchgeführt werden oder über die systematische Beobachtung, z. B. mittels Einschätzskalen, haben den Anspruch differenziert, d. h. über eine sogenannte „Lupe" (Beobachtungsverfahren), einen bestimmten Entwicklungsbereich der Kinder wahrzunehmen. Ein Beobachtungsverfahren lenkt unseren Blick auf bestimmte Prozesse, z. B. das Sozialverhalten eines Kindes.

Beobachtungskriterien	Beobachtung/Einschätzskala (Ratingskala) 1 – stimme voll zu 2 – stimme zu 3 – weniger 4 – gar nicht			
Das Kind tauscht sich mit anderen aus.	1	2	3	4
Das Kind kann mit Ablehnungen kompetent umgehen.	1	2	3	4
Das Kind löst Konflikte häufig mit Gewalt.	1	2	3	4

Beobachtungskriterien – Beispiel: Sozialkompetenz

Mithilfe der Beobachtungskriterien fallen Verhaltensweisen in den Blick, die wir in unserer spontanen Beobachtung evtl. unberücksichtigt gelassen hätten. Mithilfe der Beobachtungsverfahren bzw. durch Tests und Screenings gelingt es so, eine „objektive" Perspektive in das pädagogische Handeln einzubeziehen – denn das, was beobachtet wird, ist nicht mehr nur durch unseren subjektiven (eigenen) Wahrnehmungsprozess bestimmt, sondern wird durch das Beobachtungsverfahren geleitet. So kann es gelingen, in das pädagogische Handeln eine „intersubjektive" Perspektive einfließen zu lassen, die nicht nur unsere eigenen Wahrnehmungen, sondern auch weitere Kriterien in den Handlungsprozess einbezieht.

Beobachtung und Dokumentation

Mit der Beobachtung und Dokumentation soll direkt an das pädagogische Handeln angeknüpft werden. Wie Ingenkamp und Lissmann (2008) in ihrer Definition für die pädagogische Diagnostik zum Ausdruck bringen, geht es darum, Lernprozesse zu analysieren, Ergebnisse zu dokumentieren, „um individuelles

Lernen zu optimieren". Beobachtung und Dokumentation dienen dazu, das pädagogische Handeln sensibel an den individuellen Lernprozessen der Kinder auszurichten. Beobachtung und Dokumentation sind also nur der erste Schritt zur Verbesserung der Qualität in den Einrichtungen. Diese wird aber nur verbessert werden, wenn die Informationen, die durch „Beobachtung und Dokumentation" gewonnen wurden, auch in das pädagogische Handeln einfließen.

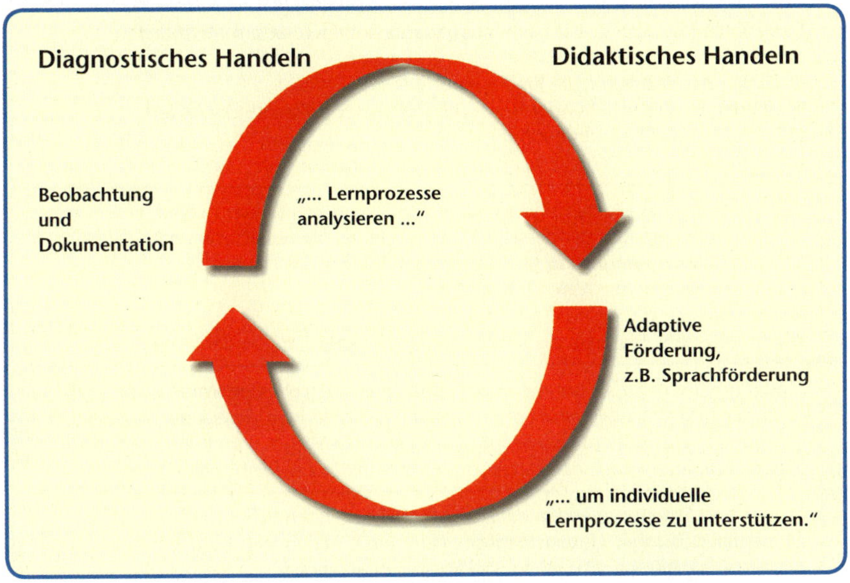

(aus: Karl-Heinz Ingenkamp/Urban Lissmann, Lehrbuch der Pädagogischen Diagnostik, © 2008, 6. Auflage Beltz Verlag, Weinheim & Basel)

4.3 Was liegt im Blickfeld von Beobachtung und Dokumentation?

In das Blickfeld von Beobachtung und Dokumentation fallen das einzelne Kind und die pädagogische Qualität in der Gruppe. Wird auf das Individuum Bezug genommen, können zwei unterschiedliche Verfahrenstypen unterschieden werden:

- Verfahren, die den Entwicklungsstand des Kindes in unterschiedlichen Teilbereichen erfassen und
- Verfahren, die die Lernprozesse der Kinder in den Blick nehmen.

Fokus auf dem Entwicklungsstand

Verfahren mit dem Fokus auf dem Entwicklungsstand des Kindes in bestimmten Teilbereichen wie Sprache, Mathematik, soziale Kompetenz usw. sind z. B. der „Osnabrücker Test zur Zahlenerfassung" (OTZ; siehe Tabelle, S. 42). Mithilfe dieses Verfahrens kann die Zählkompetenz als ein Teilbereich der Mathematik erfasst werden. Wichtig ist es dabei zu erkennen, dass mit dem Verfahren nicht auf die komplexen Fähigkeiten, die als mathematische Kompetenzen bezeichnet werden, Bezug genommen wird, sondern nur auf einen Teilbereich.

Was ist der Vorteil dieses Vorgehens?

Nehmen wir etwa den Bereich Mathematik. Mathematik wird aufgeteilt in die Kompetenzbereiche:

Kompetenzbereiche Mathematik	Beispiele
Zählen und Operationen	Das Zählen lässt sich in der Elementarpädagogik in den unterschiedlichsten Situationen beobachten: ■ Zählen der Stühle für alle Kinder im Stuhlkreis ■ Überlegen, wie viele Kinder heute da sind und wie viele Kinder fehlen ■ Beim Regelspiel mit dem Zahlenwürfel u. v. a. m.
Größen und Messen	Auch Größen und Messen sind ein Gebiet, mit dem sich Kinder bereits im Kindergartenalter auseinandersetzen. Hier kommen Sie bereits mit unterschiedlichen Messeinheiten in Berührung wie Gramm und Kilogramm, Meter und Zentimeter: ■ Beim Abwiegen der Ware im Kaufladen ■ Beim Wiegen des eignen Gewichtes ■ Beim Messen, wie groß die Kinder sind an der Messlatte an der Wand
Raum und Form	Kinder im Kindergarten nehmen Raum und Form auf vielfältige Weise wahr. Zum einen die unterschiedlichen Formen wie Dreieck, Kreis und Viereck usw., aber auch die räumliche Orientierung, wie z. B. das Finden des Weges vom Kindergarten zur Schule, zeichnen von Schatzkarten, erste Orientierung auf Stadtplänen usw.
Muster und Strukturen	Muster und Strukturen erkennen ist seit Fröbel ein wesentlicher Bestandteil der Elementarpädagogik. Unterschiedliche Legespiele, Perlen usw. bereiten darauf vor, Regelmäßigkeiten nachzugehen und Muster zu erkennen.
Wahrscheinlichkeit	Auch die Wahrscheinlichkeit spielt bereits im Kindergarten eine große Rolle: Wie wahrscheinlich ist es, eine Sechs zu würfeln? Oder: Bin ich der Nächste?

Erworbene Kompetenzen

Am Beispiel des Verfahrens des OTZ kann dieses anschaulich verdeutlicht werden. Der OTZ greift einen Teilbereich der Mathematik heraus (Zählen). Dieser Bereich gilt als ein Bereich, in dem Kinder im Vorschulalter bereits erworbene Kompetenzen besitzen. Erworbene Kompetenzen in dem Sinne, dass sie das Zählen, d. h. das kulturelle Zahlenkonzept, durch verschiedene Erfahrungen in ihrer sozialen Umwelt bereits vermittelt bekommen haben. Die andern Teilbereiche der Mathematik bleiben dabei unbeachtet.

Beispiel:

Lara ist drei Jahre alt. Zahlen und Zählen sind etwas, womit sie sich seit geraumer Zeit befasst. Dabei gleicht das Abzählen von Gegenständen mehr dem Aufsagen eines Gedichtes. Sie benutzt teilweise die Zahlen in richtiger Reihenfolge. „Eins, zwei, drei, vier, sieben, acht …" Noch fehlt aber die Eins-zu-eins-Zuordnung, d. h. Lara zählt oft viel schneller, als sie parallel die Gegenstände berührt. Nach einigen Wochen ist das anders. Ihre Eltern nutzen das Zählenspielen allabendlich am Abendbrottisch und Lara ist inzwischen sehr sicher im Aufzählen der Zahlen – und allmählich ist die Koordination beim Abzählen möglich. Sehr sicher zählt Lara inzwischen die Käsesorten ab: „eins, zwei, drei, vier, fünf". Als ihr Vater fragt: „Und wie viele Käsesorten liegen auf dem Teller?", schaut Lara ihn irritiert an. Die Kardinalzahl, d. h. das Konzept, das erkannt wird, dass die letzte Zahl beim Abzählen die Menge bestimmt, hat Lara noch nicht erkannt, oder es wurde bisher von ihrer sozialen Umwelt, den Eltern, Großeltern, Geschwistern, Freunden/-innen oder Erzieher/-innen, noch nicht eingefordert. Wenn der Vater die Antwort von Lara zu deuten versteht, wird er vermutlich das Abzählspiel am Abendbrottisch in Zukunft um die entsprechende Frage ergänzen, und sicherlich wird Lara sich im Laufe der Zeit dann auch diese Fähigkeit aneignen.

Mit dem OTZ lässt sich also der Kompetenzstand von Kindern in Bezug auf ihr Zählkonzept erfassen. Die meisten Verfahren sind in dieser Form aufgebaut. Durch die Begrenzung auf einen Teilbereich gelingt eine sehr differenzierte Wahrnehmung. Diese Beobachtungen können dann dazu genutzt werden, die Lernumwelt in diesen Bereichen zu verändern und entsprechende Anregungen zur Verfügung zu stellen, wie es z. B. auch Laras Vater machen wird, wenn er erkannt hat, dass seine Tochter zwar nun Dinge abzählen kann, aber trotzdem nicht automatisch damit auch die Kardinalzahl erfasst. Darin liegt also für Lara die Herausforderung der Zukunft, die durch die soziale Umwelt begleitet werden kann. Dieses Vorgehen ist gemeint, wenn Ingenkamp und Lissmann (2008) davon sprechen, dass mittels der pädagogischen Diagnostik „individuelle Lernerfahrungen unterstützt werden sollen".

Anhand mancher Tests, Screenings oder Beobachtungsverfahren wurde in den letzten Jahren auch ein passendes Trainingsprogramm für die entsprechenden Teilbereiche (Domänen) wie Sprache, Mathematik usw. entwickelt. Mit dem Trainingsprogramm können bei Bedarf die noch gering entwickelten Kompetenzen durch bestimmte Trainingsaufgaben aufgebaut werden. Jedes Trainingsprogramm setzt bei einem bestimmten Kompetenzniveau an. Demnach können insbesondere die Kinder durch Trainingsprogramme ihre Kompetenzen erweitern, deren Kompetenzen genau dem Ausgangsniveau des Trainingsprogramms entsprechen. Alle Kinder, die darüber oder darunter liegen, profitieren weniger von den Trainingsaufgaben. Eine tatsächlich adaptive Förderung ist von der Pädagogin/dem Pädagogen abhängig. Eine gute Förderung setzt an den Ergebnissen der Tests, Screeings oder Beobachtungsverfahren an und interpretiert diese professionell. Mithilfe der dazugewonnenen Einsichten soll die Lernumwelt für das Kind verändert bzw. bereichert werden. Das kann im Allgemeinen sowohl durch Trainingsprogramme ermöglicht werden als auch im Besonderen durch eine bewusst gestaltete anregungsreiche Lernumwelt.

Trainingsprogramme

Ziel	Fokus	Beobachtungsverfahren	Förderprogramm
Kind	Bildungsbereiche	■ Bielefelder Screening (BISC) ■ Osnabrücker Test zur Zahlenerfassung (OTZ) ■ Beurteilungsbogen für Erzieher/-innen zur Diagnose der Schulfähigkeit (BEDS) ■ Lautunterscheidungstest für Vorschulkinder (LUT) ■ Dortmunder Entwicklungsscreening für den Kindergarten (DESK 3–6)	■ Würzburger Trainingsprogramm
	Lernprozess	■ Learning Stories (Margret Carr; dt.: Bildungs- und Lerngeschichten) ■ Leuvener Engagiertheitsskala für Kinder (LES-K)	
Gruppe	Prozessqualität	■ Kindergartenskala (KES oder ITERS)	
Erzieher/-in	Sprachkompetenz	■ Sprachkompetenz von Erzieher/-innen (DO-RESI)	

Unterschiedliche Verfahren

Fokus auf dem Lernprozess

Neben den Verfahren, die den Entwicklungsstand der Kinder in den Blick nehmen, gibt es auch Verfahren mit Fokus auf dem Lernprozess.

In den letzten Jahren haben sich im Zusammenhang mit dem sozialkonstruktivistischen Lern- und Bildungsverständnis einige Verfahren in der Elementarpädagogik etabliert, die den Bildungs- und Lernprozess in den Blick nehmen. Diese Lernkonzepte gehen nach Wygotski davon aus, dass das Lernen der Kinder an die „Zone der nächstfolgenden Entwicklung" anschließen muss. Um den Kindern sensibel neue Impulse geben zu können, gilt es zu wissen, womit sich die Kinder auseinandersetzen, d.h. mit welchen Fragen sie sich beschäftigen. Die sozialkonstruktivistischen Bildungs- und Lerntheorien schreiben der sozialen Umwelt eine große Bedeutung für die Lern- und Bildungsprozesse der Kinder zu. Demnach sind Beobachtungen Anlass für die Lerngemeinschaft, sich mit den Lernprozessen des Kindes auseinanderzusetzen. Die Beobachtung dient dazu, mit Eltern, Kollegen/-innen und den Kindern ins Gespräch zu kommen und so die soziale Lerngemeinschaft zu stärken. Wichtig ist es, den Lernprozess im Blick zu behalten und damit eine gewisse Kontinuität bei der Beobachtung zu gewährleisten, sodass tatsächlich „Lerngeschichten" der Kinder entstehen können. Damit eröffnet sich den Pädagogen/-innen die Chance, Lernprozesse zu erkennen und differenziert wahrzunehmen, wie sich Kinder dabei entwickeln. Es sind also drei Aspekte, die hier im Blick behalten werden sollen:

Lernkompetenzen
- die Lernkompetenzen der Kinder,

Lerngemeinschaft
- das Schaffen einer Lerngemeinschaft und

Kontinuität
- eine Kontinuität im Dokumentationsprozess.

Die Dokumentation von „Lerngeschichten" im Sinne von Margret Carr ermöglicht es, die Lerngemeinschaft von Elternhaus und Kindergarten näher zusammenrücken zu lassen. Die Erlebnisse, die Kinder am Wochenende mit ihren Eltern haben, können so auch in der Einrichtung geteilt werden.

Beispiel:

Die Mutter von Leon (3 Jahre) bringt am Montagmorgen eine Lerngeschichte mit. Am Wochenende war die Mutter mit Leon auf dem Schiff seines Großvaters. Das war für Leon eine tolles Erlebnis, da er zum ersten Mal die großen Frachtschiffe aus der Nähe sehen konnte. Am Abend hat Leon dazu noch ein Bild gemalt und mehrere Blätter aneinandergeklebt, damit den Kindern auch bewusst würde, dass ein Frachtschiff ein Schiff-an-Schiff ist. Diese Geschichte hat er seiner Mutter auch diktiert. Beim gemeinsamen Frühstück setzt sich Leon auf die Fensterbank und erzählt von diesen Ereignissen.

Durch das Teilen solcher Erlebnisse wächst eine Lerngemeinschaft Stück für Stück zusammen; das Erzählen von „Geschichten aus dem Leben" am Morgen ist eine Möglichkeit, solche Prozesse anzuregen. Kinder, Eltern und Erzieher/-innen können so Erfahrungen teilen, und insbesondere können die Erlebnisse dazu genutzt werden, weitere Lernprozesse anzuregen bzw. daran anzuknüpfen.
Mit den Lerngeschichten wird aber auch auf die Kompetenz der Lernenden abgehoben bzw. darauf, wie sich die einzelnen Lernenden im Laufe der Zeit entwickeln.

Beispiel:
23. November. Tamara (20 Monate) sitzt in ihrem Hochstuhl mit ihrer Lunchbox. Klara (27 Monate) öffnet ihr die Lunchbox und bietet ihr Rosinen an. Tamara schüttelt ihren Kopf. Klara zeigt auf den Joghurt. Tamara nickt und streckt beide Hände danach aus. Klara versucht die Folie vom Becher zu trennen, was ihr nach einiger Zeit auch gelingt. Danach stellt sie den Becher vor Tamara. Anschließend macht sich Klara auf den Weg zur Besteckschublade und holt einen Löffel. Tamara ist gerade dabei, mit den Fingern in den Joghurt zu greifen. Klara zu Tamara: „Nicht Finger." Klara nimmt den Joghurt in die eine Hand und gibt Tamara den Löffel. Klara sagt: „Löffel" und stellt den Joghurt zurück.

12. Dezember. Tamara geht zu Sören, der am Esstisch sitzt. Sie öffnet ihm die Lunchbox und legt Rosinen vor ihn auf den Tisch. Tamara sagt: „Osins".

Das Beispiel zeigt, wie Kinder in einer Lerngemeinschaft voneinander lernen. Tamara hat von Klara gelernt, für andere am Tisch Sorge zu tragen, und setzt dann nach einiger Zeit dieses Konzept auch selbst ein.

Kontinuierliche Beobachtung

Diese Lerngeschichte zeigt, wie erst durch eine kontinuierliche Beobachtung Lerngeschichten entstehen. Diese Lerngeschichten bieten auch den Eltern die Möglichkeit, an den Entwicklungsschritten ihrer Kinder in der Einrichtung teilzunehmen.

Die Aufzeichnung bzw. Dokumentation ist aber auch wichtig für die Kinder selbst, um ihre eigenen Lernfortschritte wahrzunehmen. Die Kinder können insbesondere über Fotos und ihre eigenen Bilder sich selbst als Lernende wahrnehmen und für sich erkennen, was sich geändert hat. Diesen Aspekt von Beobachtung und Dokumentation gilt es besonders ernst zu nehmen, wenn es darum geht, das Kind als Akteur/-in seiner Entwicklung zu sehen.

Daneben gibt es weitere Differenzierungen, wie Verfahren eingeschätzt werden können. Diese sollen hier nur kurz skizziert werden.

Was ist unter „stärkeorientierten", was unter „defizitorientierten" Verfahren zu verstehen?

Stärke- und defizitorientierte Verfahren

Die unterschiedlichen Verfahren lassen sich in sogenannte „stärkeorientierte" und „defizitorientierte" Verfahren aufteilen. Mit stärkeorientierten Verfahren sind die Verfahren gemeint, die die Kompetenzen der Kinder zum Ausgangspunkt für das pädagogische Handeln nehmen wie z. B. durch die „Bildungs- und Lerngeschichten"; hier steht das Kind als Akteur im Mittelpunkt (siehe Beispiel, S. 44).

Mit den „defizitorientierten" Verfahren wird auf solche Verfahren zurückgegriffen, die bestimmte Teilbereiche in den Blick nehmen und anhand der Fähigkeitsbereiche bestimmte Förderungsmaßnahmen anschließen. Diese Verfahren sehen das Kind als Lernenden, der darauf angewiesen ist, Neues dazuzulernen, um in der Schule gut zurechtzukommen.

Im Kindergarten ist es wichtig, beide Formen der Verfahren zu nutzen. Gut ist es zu wissen, ob mit einem „stärkeorientierten" oder einem eher „defizitorientierten" Verfahren gearbeitet wird. Insbesondere, wenn die Pädagogen/-innen ein distanziertes Verhältnis zu einem Kind haben, bieten sich „stärkeorientierte" Verfahren an, um einen Perspektivenwechsel einzuleiten. Die Stärken oder die Kompetenzen von Kindern zu erkennen, mit denen einen bisher eher unerfreuliche Erlebnisse verbinden, ist eine Möglichkeit, einen Blickwechsel zu vollziehen, und erleichtert damit den Zugang zu dem Kind. Ein positives sozial-emotionales Verhältnis ist für den Aufbau einer guten Lerngemeinschaft unerlässlich.

Evaluation Qualitätsmanagement

Beobachtungsverfahren werden aber nicht nur für den direkten Pädagogischen Prozess genutzt, sondern in der Elementarpädagogik auch für die „Evaluation" (Einschätzung) der Einrichtung im Rahmen eines Qualitätsmanagements. Diese Ziele sind von den Forderungen nach Beobachtung und Dokumentation im Rahmen der Bildungspläne zu unterscheiden.

IN KÜRZE

Beobachtung und Dokumentation sind als Teilaspekt des pädagogischen Handelns zu sehen. Mit ihrer Hilfe gelingt es, Teilaspekte der Entwicklung der Kinder differenziert wahrzunehmen. Diese Wahrnehmung bietet die Möglichkeit, das individuelle Lernen in der Lerngemeinschaft zu verbessern. Im Rahmen der Beobachtung und Dokumentation werden unterschiedliche Verfahrenstypen unterschieden, die je unterschiedliche Ziele verfolgen.

5 Stehen Interaktion und Didaktik in einem Bezug zueinander?

5 Stehen Interaktion und Didaktik in einem Bezug zueinander?

In diesem Kapitel sollen die Gedanken aus der Forschung und die Erkenntnisse aus dem Kapitel „Beobachtung und Dokumentation“ miteinander verbunden werden.

Der muss viel Wissen, der andere lehren will, mit wenig Wissen weise zu sein. (Immanuel Kant)

Die Theorie, die sich mit der zentralen Frage der Pädagogik auseinandersetzt – nämlich dem „Wie“ der Erziehung –, ist die Didaktik. Die Didaktik betrachtet die Welt unter dem Fokus, was sich die Menschen aneignen müssen, um in der Gesellschaft handlungsfähig zu sein. Im Mittelpunkt der Didaktik steht die Frage, wie Entwicklungsprozesse gut unterstützt werden können bzw. wodurch sich lernfördernde Arrangements auszeichnen.

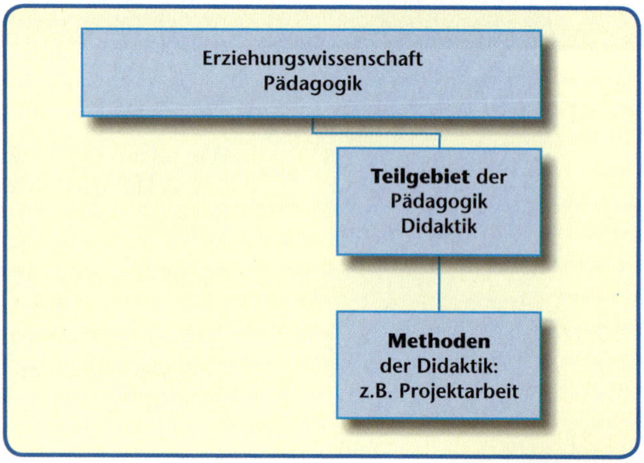

Systematik der Pädagogik

5.1 Wie lassen sich Kinder bei ihren Entwicklungsprozessen gut unterstützen?

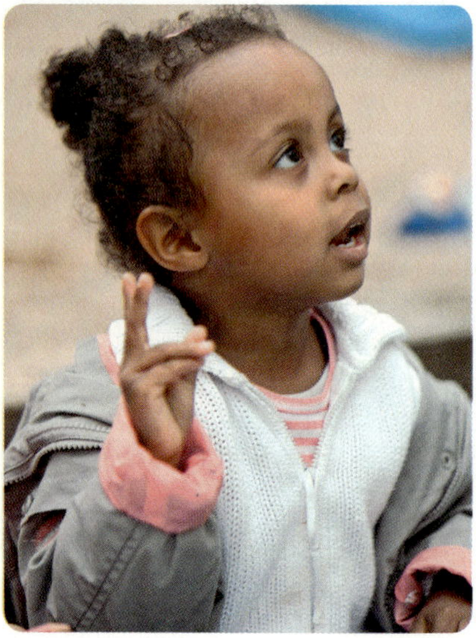

Bildungs- und Lernverständnis

Gegenwärtig gehen wir, wie oben ausgeführt, von einem sozialkonstruktivistischen Bildungs- und Lernverständnis aus. Ein solches Lernverständnis steht in Verbindung mit einer konstruktivistischen Didaktik. Als Schlüsselbegriff einer solchen konstruktivistischen Didaktik gilt die „Interaktion“. Unter dieser Perspektive kommt der Gestaltung der sozialen Lernumwelt eine besondere Rolle zu.

5.2 Ein Blick zurück

Ein Blick in die Geschichte der Elementarpädagogik zeigt, dass von konkreten didaktischen Konzepten für die Elementarpädagogik erst seit Kurzem die Rede sein kann. Der Situationsansatz, der als leitendes pädagogisches Programm der Kindergärten seit den 1980er-Jahren zählt, gilt als sogenanntes Rahmenprogramm. Mit den Rahmenprogrammen wird den Einrichtungen ein komplexes Verständnis von der Lebenswelt im Kindergarten gegeben. Sogenannte Rahmenprogramme lassen sich idealtypisch in Bildungs- und Präventionsprogramme unterteilen.

Rahmenprogramme

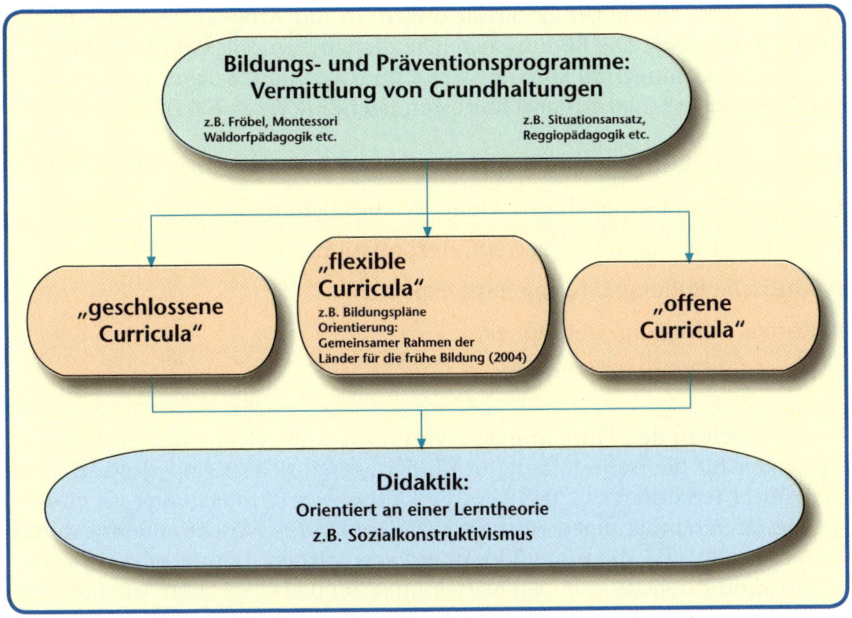

Didaktisch-methodische Orientierungen (vgl. König, 2008, S. 317)

Was ist damit gemeint?

Die Programme unterscheiden sich in ihrem Blick auf das Kind. Während die Bildungsprogramme versuchen einem ganzheitlichen Bildungsanspruch gerecht zu werden, legen die Präventionsprogramme ihr Augenmerk auf bestimmte Aspekte der Erziehung, um kompensatorisch (ausgleichend) zu den Familien zu erziehen. Die Bildungsprogramme geben Orientierungen dazu, wie der pädagogische Raum, z.B. bestimmte Materialien, die Natur, die soziale Lernumwelt, auf die Bildungsprozesse einwirken kann bzw. welche Bereiche es dabei einzubeziehen gilt, z.B. Elternarbeit, Kontakt zum Gemeinwesen. Die Präventionsprogramme richten ihr Augenmerk auf bestimmte pädagogische Angebote wie z.B. die Sprachförderung. Rahmenprogramme vermitteln damit auch bestimmte Grundhaltungen im Hinblick darauf, wie die Bildungs- oder Erziehungsziele in den Alltag eingebunden werden. Damit werden häufig ideale Erziehungsvorstellungen verbunden, an denen Erzieher/-innen das Erziehungskonzept der Einrichtung ausrichten.

Die im Kindergarten eingesetzten Curricula[1] oder Bildungspläne können unterschiedlichen Charakter haben. Zum einem „offene" Curricula, die als Impuls für das Arbeiten gelten, wie es z. B. beim Situationsansatz der Fall ist, und Curricula, die einen verbindlichen Charakter haben, wie wir es von den Lehrplänen in der Schule kennen bzw. wie es auch durch den Bildungsplan in der DDR im vorschulischen Bereich verwirklicht wurde. Mit den derzeit eingesetzten Bildungsplänen soll ein „flexibler" Rahmen für das Arbeiten in der Kindergartengruppe zur Verfügung gestellt werden. Die Anregungen sollen zu einer höheren Verbindlichkeit führen, als wir es bisher im Kindergarten gewohnt waren. Mit den Bildungsplänen wird insbesondere darauf aufmerksam gemacht, dass den Lern- und Bildungsprozessen in der frühen Kindheit eine besondere Rolle zukommt. Damit werden hohe Erwartungen an das Arbeiten in den Einrichtungen verbunden. Die Bildungsbereiche dienen dazu, die Arbeit in den Kindertageseinrichtungen zu konkretisieren. Im Fokus stehen dabei die folgenden Bildungsbereiche (Jugend- und Kultusministerkonferenz, 2004):

Bildungspläne

- Sprache, Schrift, Kommunikation
- Personale und soziale Entwicklung, Werteerziehung/religiöse Bildung
- Mathematik, Naturwissenschaft, (Informations-)Technik
- Musische Bildung/Umgang mit Medien
- Körper, Bewegung, Gesundheit
- Natur und kulturelle Umwelt

Für die Arbeit in den Einrichtungen wird nach dem „Gemeinsamen Rahmen der Länder für die frühe Bildung in Kindertageseinrichtungen" (Jugend- und Kultusministerkonferenz, 2004) auf die Methode der Projektarbeit verwiesen. Mit diesen Vereinbarungen wird ein sozialkonstruktivistisches Bildungs- und Lernverständnis für die frühe Bildung festgeschrieben. Damit rückt die Erzieher/-in-Kind-Interaktion in den Mittelpunkt der pädagogischen Arbeit. Unter diesem Lernverständnis ist das Interaktionshandeln im Kindergarten auf Dialog und Ko-Konstruktion auszurichten. Mit diesem gemeinsamen Rahmen der Länder wird erstmals ein einheitliches Bildungsverständnis umrissen, welches eine Grundlage für didaktisches Handeln im Kindergarten liefern kann.

Das Arbeiten im Kindergarten schließt heute eine große Vielfalt an unterschiedlichen Aufgaben mit ein. Der Nachteil der bisherigen Rahmenprogramme wird darin gesehen, dass sie keine speziellen Orientierungen zur Verfügung stellen, wie mit neuen gesellschaftlichen Herausforderungen, wie z. B. Medien, Migration, Familienbildung, unter Dreijährigen, Anschlussfähigkeit von Kindergarten und Grundschule, konkret umgegangen werden kann. Um diesen Ansprüchen besser als bisher gerecht zu werden, braucht es spezielle Kenntnisse in den einzelnen Bereichen. Mit „idealen" Bildungs- und Erziehungsvorstellun-

[1] *Unter Curriculum wird ein auf einer Theorie aufgebauter Lehrplan verstanden oder ein Programm, nach dem das erzieherische Wirken umgesetzt werden soll. Geschlossene Curricula legen dabei die Erziehungsziele bzw. Bildungsinhalte konkret fest, während bei offenen Curricula nur Impulse gesetzt werden. Diese werden bewusst relativ allgemein formuliert, damit sich das pädagogische Handeln an den Interessen der unterschiedlichen Lerngemeinschaften ausrichten kann.*

gen wird es den Pädagogen/-innen oft schwer gemacht, entsprechend auf die Herausforderungen zu reagieren, denn diese gehen von einem Erziehungskontext aus, wie der im Alltag kaum anzutreffen ist. Daher wird derzeit versucht, die Rahmenprogramme durch differenzierte Theorien, z. B. zum pädagogischen Handeln und zur gezielten Unterstützung von Kindern, zu ergänzen bzw. weiterzuentwickeln. In Zukunft gilt es, die Forschung und Theorieentwicklung auszubauen, um das Handeln in den Einrichtungen zu professionalisieren, d. h. angemessen auf neue Herausforderungen reagieren zu können. Mit der direkten Erzieher/-in-Kind-Interaktion wird in diesem Buch ein Aufgabengebiet herausgegriffen, welches die Funktion hat, auf Lern- und Bildungsprozesse der Kinder entsprechend zu reagieren. Die Abbildung „Handlungsschwerpunkte" verdeutlicht die Komplexität, mit der Erzieher/-innen heute im Handlungsfeld Kindergarten konfrontiert sind. Die direkte Erzieher/in-Kind-Interaktion gilt unter konstruktivistischen Bildungsvorstellungen als Kern der pädagogischen Arbeit in den Einrichtungen und soll daher im Folgenden näher betrachtet werden.

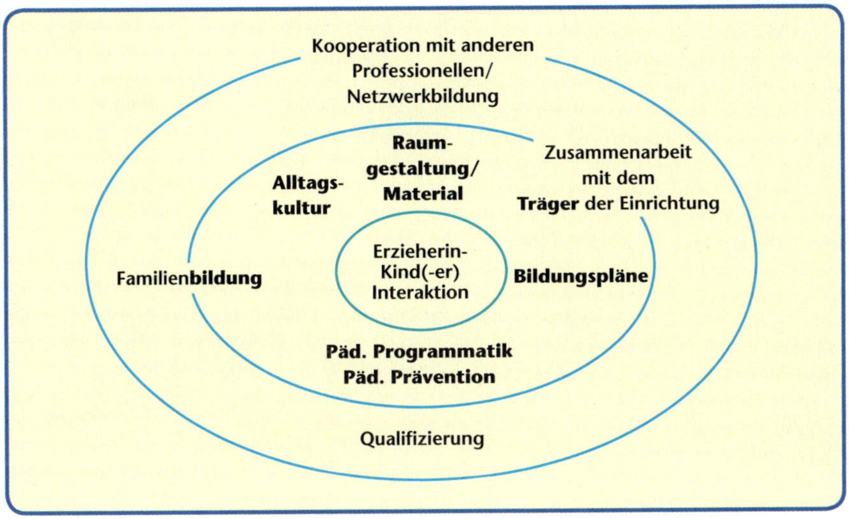

Handlungsschwerpunkte (vgl. König, 2009, S. 136)

IN KÜRZE

In der Elementarpädagogik lassen sich sogenannte Bildungs- und Präventionsprogramme unterscheiden. Während die Bildungsprogramme ihren Blick auf eine ganzheitliche Lernumwelt der Kinder richten, sind Präventionsprogramme darauf ausgerichtet, kompensatorisch (ergänzend) zur Lernumwelt in den Familien zu erziehen. Bildungs- und Präventionsprogramme gelten als sogenannte Rahmenprogramme, die grundlegende Orientierungen für die Einrichtungen zur Verfügung stellen. In den letzten Jahren wurde daran bemängelt, dass die Rahmenprogramme zu wenig Orientierung liefern, um auf neue Herausforderungen im Kindergarten angemessen zu reagieren. Die Bildungspläne sind in diesem Zusammenhang als Ergänzung zu verstehen. Sie gelten als erster Schritt, um in Richtung Anschlussfähigkeit von Kindergarten und Schule differenzierter als bisher zu arbeiten.

5.3 Wie werden Didaktik und Interaktionsforschung miteinander verknüpft?

Wie kommt man zum Neuen?
Das ist wohl die Kernfrage meines Lebens.
(Jean Piaget)

Mit der Didaktik wird auf die konkreten Interaktionsprozesse zwischen Erzieher/-in und Kind Bezug genommen. Um sich einer Handlungsdidaktik zu nähern, soll auf die zuvor präsentierten Forschungsergebnisse zurückgegriffen und diese mit der Theorie der Didaktik verbunden werden. Die Forschungsergebnisse stellen dabei die Interaktionsqualität sicher. Mithilfe der Theorie der Didaktik wird ein allgemeiner Handlungsrahmen zur Verfügung gestellt.

In der Didaktik hilft der klassische Dreischritt, die Auseinandersetzung mit unterschiedlichen Themen zu strukturieren. Mit dem Dreischritt soll die Sequenzierung der Interaktionsphasen zwischen Erzieher/-innen und Kindern verdeutlicht werden (vgl. Straka/Macke, 2002):

Einstieg	Ein gemeinsames Gespräch wird begonnen, die Kinder werden aufgefordert mitzuspielen, oder die Erzieher/-innen motivieren die Kinder für ein gemeinsames Projekt usw.
Arbeitsphase	Die Kinder arbeiten an ihren Bildern, suchen nach Lösungen bei Problemen, Erzieher/-innen und/oder Kinder stellen Fragen zum Beschäftigungsgegenstand, betrachten gemeinsam ein Bilderbuch usw.
Abschluss	Die Projekte werden besprochen, das Bilderbuch noch einmal durchgeblättert und der Handlungsverlauf nachvollzogen, die Kinder tauschen sich über ihre gemalten Bilder aus usw.

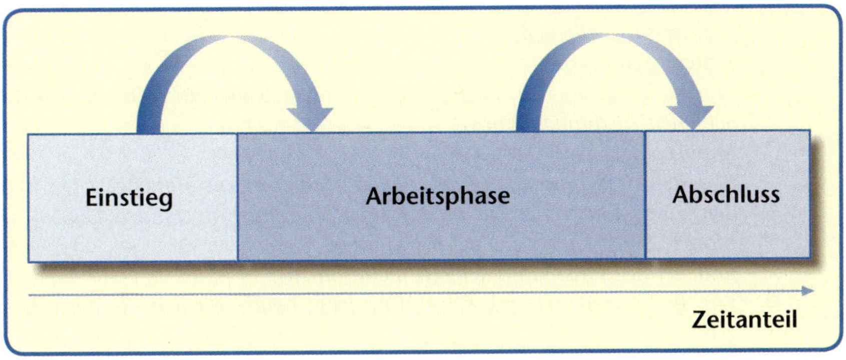

Dreischritt in der Didaktik

Der Dreischritt zeigt in einfacher Weise, ob ein begonnener Interaktionsprozess zu einer lang andauernden Interaktion mit intensiver Arbeitsphase und einem Abschluss führt, oder ob sich die Interaktion aus der Einstiegsphase heraus entwickelt und in einem kurzfristigen sozialen Kontakt mündet. Da heute davon ausgegangen wird, dass Lern- und Bildungsprozesse im Besonderen durch Impulse und Anregungen von der sozialen Umwelt unterstützt werden, wollen wir uns im Folgenden intensiver damit befassen, welche Interaktionsformen zu intensiven Auseinandersetzungen führen.

Interaktionsformen

Instruktion und Konstruktion (vgl. König, 2009, S. 137)

Zu Beginn des Buches haben wir uns mit unterschiedlichen Bildungsverständnissen auseinandergesetzt. Dabei ist deutlich geworden, dass Bildung stets „Selbstbildung" ist, d. h., dass das Prinzip der Konstruktion das Kind zu neuen Einsichten führt – neue Erfahrung werden im Individuum auf der Grundlage der bisherigen Wahrnehmung interpretiert. Als Motor für diesen Prozess sehen wir heute die soziale Lernumwelt an, d. h., durch die Heranführung an Herausforderungen (Instruktion) wird das Kind motiviert, seine bisherige Wahrnehmung zu dekonstruieren (zu zerlegen) und schließlich zu rekonstruieren (wieder aufzubauen mit den neu dazu gewonnenen Impulsen). Diese Umgestaltungsprozesse werden als Lernprozesse bezeichnet. Durch die neue Repräsentation (Vorstellung bzw. Interpretationsmuster) wird die „Welt" anders interpretiert.

Konstruktion

Instruktion

Beispiel:
Die Erzieherin spielt mit Marei (20 Monate) in der Bauecke. Sie sind dabei, die Schienen für den Zug zusammenzusuchen.
Erzieherin: „Schau, was ist das?"
Marei: „Auto."
Erzieherin: „Das ist ein Auto. Und das hier?"
Marei: „Ahmm."

Erzieherin: „Schienen."
Marei: „Schienen."
Erzieherin: „Schienen. Suchst du noch mehr Schienen? Wir müssen die Schienen zusammenbauen."
Marei: „Ja."
Erzieherin: „Schau so." (Zeigt, wie die Schienen zusammengesteckt werden.) „Sonst kann der Zug nicht fahren." – „Baust du erst den Zug."
Marei: „Sonst kann der Zug nicht fahren."
Erzieherin: „Sonst kann der Zug nicht fahren."
Erzieherin: (nach einiger Zeit): „Und jetzt, bauen wir den Zug noch länger?"
Marei: „Ja." (hantiert noch immer an den Zugwagen)
Erzieherin: „Ja ..."

In der Sequenz wird deutlich, wie die Erzieherin neue Impulse (→ Instruktion) in die Interaktion einfließen lässt. Zu Beginn der gemeinsamen Bauaktion auf dem Bauteppich führt die Erzieherin den Begriff „Schienen" ein (→ Instruktion). Den Begriff nimmt Marei freudig auf (→ Konstruktion). Diese Erfahrung führt zu einer Erweiterung des Wortschatzes. Der Begriff wird im folgenden Verlauf viermal wiederholt, bis er von dem Begriff „Zug" abgelöst wird. Im Folgenden wiederholt die Erzieherin die Phrasen des Kindes und ergänzt diese (→ Instruktion). Damit gelingt ihr eine sprachunterstützende Haltung. Die Erzieherin lässt sich aber auch auf das Tempo von Marei ein und unterbricht sie nicht in ihrem Tun, sondern versucht sensibel Impulse für den weiteren Ausbau des Zuges zu setzen. Sie wartet aber auch ab, um Marei Zeit zu geben, die Impulse auf ihre Weise zu verarbeiten (→ Konstruktion).

Interaktionsprozesse zwischen Erzieher/-innen und Kind müssen Elemente von Instruktion und Konstruktion beinhalten. Die Instruktion gilt als Anstoß oder Impuls dafür, neue Einsichten dazuzugewinnen. Die Konstruktion bezieht sich darauf, wie das Individuum mit den neuen Impulsen umgeht. Hier gilt es insbesondere abzuwarten und nicht vorschnell neue Gedanken oder „Hilfestellungen" zu geben, sondern den Kindern genügend Raum für ihre eigene Interpretation zur Verfügung zu stellen. Der Instruktion und Konstruktion muss im Interaktionsprozess genügend Freiheit eingeräumt werden. Im Interaktionsprozess gilt es, die Balance zwischen Impulsen (Instruktion) und Freiräumen (Konstruktion) sensibel im Blick zu behalten.

Nachdem nun die Rahmenbedingungen für ein Interaktionshandeln gelegt wurden, wollen wir uns im Folgenden mit einer differenzierten Umsetzung auseinandersetzen.

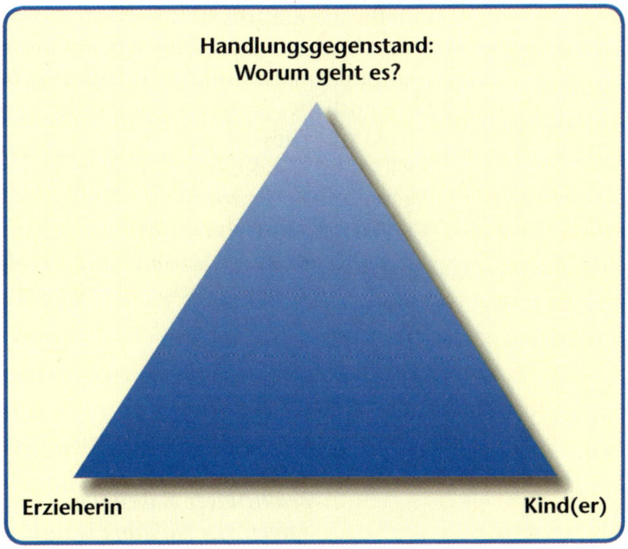

Didaktisches Dreieck

Das didaktische Dreieck verdeutlicht, was beim didaktischen Handeln alles ins Blickfeld gerückt wird. Denn die Interaktion trägt sich nicht von selbst, sondern braucht die Auseinandersetzung mit einem gemeinsamen Gegenstand, wie z. B. ein Thema, das den Bildungsbereichen zugeordnet werden kann, spezielle Interessen des Kindes oder soziale Aushandlungsprozesse. Beim Handeln stehen Erzieher/-innen, Kind(er) und der Handlungsgegenstand in wechselseitigem Bezug zueinander. Jedes der drei Beziehungsverhältnisse repräsentiert eine Teilkultur des pädagogisch-didaktischen Handelns (Reusser, 2008).

Die Denkfigur des didaktischen Dreiecks ist hilfreich, um sich die komplexen Prozesse zu veranschaulichen und diese differenziert auszubauen, sodass eine Orientierung für die Interaktion ermöglicht wird. Der gemeinsame Gegenstand ist im Kindergarten heute zum Teil über den Blick auf die unterschiedlichen Bildungsbereiche bestimmt und wird im pädagogischen Alltag durch die vielfältigen Interessen der Kinder und die soziale Auseinandersetzung in der Gruppe belebt bzw. ergänzt. Für die Auseinandersetzung ist die wechselseitige und fokussierte Konzentration auf den Gegenstand bzw. das Involvement wesentlich. Insbesondere die Interessen oder Erfahrungen, die das Kind mit dem Gegenstand verbindet, werden die Intensität der Auseinandersetzung beeinflussen. Darüber hinaus ist die Atmosphäre der Lerngemeinschaft ausschlaggebend. Mit Blick auf die sozialkonstruktivistische Didaktik wird der Gestaltung der Interaktionsprozesse eine besondere Bedeutung zugesprochen.

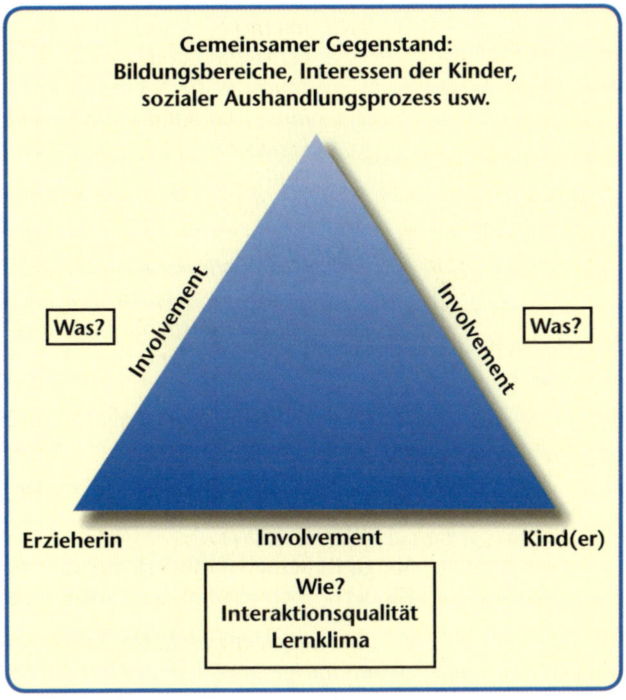

Lernumwelt Kindergarten

Bereits im Kapitel „Was sagt die Forschung zur Interaktion?" (siehe S. 19 ff.) wurden die Kriterien herausgestellt, die die Interaktionsqualität bestimmen. Die Forschungsbefunde lassen sich in den vorgegebenen Rahmen integrieren und unterstützen damit eine empirisch bestimmte (auf Forschungsbefunden begründete) Didaktik. Als ein wesentliches Kriterium gelten dabei Aushandlungsprozesse und die Ko-Konstruktion. Diese Prozessen haben einen hohen Einfluss auf die kognitive Entwicklung der Kinder (Rogoff, 1990). Aushandlungsprozesse sollen zu einem geteilten Denkprozess führen. Diese Denkprozesse zeichnen sich durch hohe Konzentrationsphasen der an der Interaktion Teilnehmenden aus. Dadurch besteht eine hohe Sensibilität bzw. Bereitschaft der Kinder und Erwachsenen, neue Impulse aufzunehmen. Die Aushandlungsprozesse gelten als Möglichkeit, sich dem Denken von Kindern zu nähern und dabei auch „Denkfehler" der Kinder aufzudecken.

Aushandlungsprozesse

Beispiel:
Die Erzieherin und einige Kinder sind dabei, Samen auszusäen. Davor haben sie besprochen, wie sie das am besten machen, damit die Samen gute Bedingungen haben, um zu wachsen. Die Erzieherin hat erklärt, dass die Samen viel Nahrung brauchen und diese aus der Erde ziehen, d. h., dass darauf geachtet werden muss, dass die Samen ringsum mit der Erde in Kontakt kommen.
Jan betritt den Kindergartenraum und kommt, als er seine Tasche aufhängen will, an dem Tisch vorbei, an dem die Kinder die Töpfchen mit Erde füllen.
Jan schaut erst eine Weile, dann sagt er: „Macht ihr erst die Erde rein?"
Erzieherin: „Was meinst du, wie es geht"? (wartet ab)
Jan schweigt.
Erzieherin: „Hättest du zuerst die Samen in die Töpfchen gelegt?"
Jan nickt.
Erzieherin (zu den anderen Kindern): „Der Jan meint, wir hätten erst die Samen in die Töpfchen legen sollen. Findet ihr das auch?"
Jan: „Jetzt hat der Samen keinen Platz mehr."
Erzieherin: „Meint ihr das auch?"
Paul: „Nee."
Erzieherin: „Nee – der Paul meint das anders. Sagst du, wie du es meinst?"
Paul: „Wir machen jetzt kleine Löchlein in die Erde."
Erzieherin: „Genau. Wir machen kleine Löcher, das kann man geschickt mit dem Finger machen, und dann hat der Samen ringsum Erde – unten und oben – dann kann der Samen die Kraft aus der Erde holen."

Durch das sensible Nachfragen gelingt es der Erzieherin, an die Vorstellungen von Jan heranzukommen:

- *„Was meinst du, wie es geht? Hättest du zuerst die Samen in die Töpfchen gelegt?"*

Sie greift seinen Einwand auf und nutzt diesen auch dazu, bei den anderen Kindern noch einmal die Vorstellungen zu erfragen:

- *„Der Jan meint, wir hätten erst die Samen in die Töpfchen legen sollen. Findet ihr das auch?"*

Dieser Moment ermöglicht eine Erweiterung der Vorstellungen bei Jan – der bisher der Ansicht war, die Samen würden ganz unten auf den Boden der Töpfchen gelegt – damit sie genug Platz haben. Hier kann er mit seinen bisherigen Gedanken anknüpfen und sein bisheriges Konzept ergänzen durch die Erde als Nahrungsquelle für die Samen.

Mit dem Nachfragen der Erzieherin wurde Jan in einen „kognitiven Konflikt" geführt – denn das bisherige Konzept vom Einpflanzen passt nicht mehr zu dem, was er bisher darüber gedacht hat. Solche Situationen zu erkennen und neue Impulse erklärend anzubieten ermöglicht es den Kindern, sich weiterzuentwickeln. Denn mit der Irritation wird bereits ein „Transitionalstadium" – ein Übergang von einem Denkkonzept zum nächsten – ausgelöst, welches zu neuen Erklärungsstrukturen führen kann. Die Erzieherin gibt hier einen Impuls. Ein näheres Nachfragen wird aber nicht als angemessen erachtet. Dieser Prozess gilt als Konstruktionsleistung. Jan wird den Impuls entsprechend seiner Motivation verarbeiten. Es steht hier nicht eine simple Wissensvermittlung darüber, wie Samen korrekt in die Erde gelegt werden, im Vordergrund, sondern es sollen Gedankenanstöße gegeben werden. Die Interaktion bietet die Möglichkeit, solche Austauschprozesse zu initiieren und voneinander zu lernen.

Austauschprozesse können auch bei den unterschiedlichsten Spielsituationen der Kinder beobachtet werden. Innerhalb des Spielprozesses gibt es viele Momente, in denen Kinder Situationen aushandeln müssen, um den Spielprozess aufrechtzuerhalten.

Beispiel:
Die Kinder spielen im Flur des Kindergartens und sind dabei, mithilfe eines konkaven Bretts eine Höhle zu bauen. Dazu stehen ihnen neben dem konkaven Brett, welches auch als Schaukel„stuhl" oder Wippe dient, noch einige große Bauklötze (ca. 15 x 25 x 7 cm), die ineinandergesteckt werden können, zur Verfügung.

Die großen Jungs halten das Brett links und rechts fest und fordern jetzt ein jüngeres Mädchen dazu auf, die Baukötze darunterzuschieben, sodass sie eine Höhle bekommen, in der sie auch bequem Platz finden können.

Clemens: „Jetzt – Marie-Helene halten."
Marie-Helene positioniert sich und versucht zu halten.
Clemens: „So – dass es nicht runterfällt."
Marie-Helene guckt fragend.
Die Bauklötze bei Marie-Helene krachen zusammen.
Marie-Helene: „He – schau mal. Ein Loch."
Clemens und Victor schauen.
Marie-Helene: „... hier ein Loch."
Clemens: „Marie-Helene, hol mal die Klötze raus. Die Klötze raus."
Marie-Helene holt die Klötze heraus.
Clemens: „Alle auf einen Stapel tun. Und dann schieb drunter."
Marie-Helene schiebt einen Klotz darunter.
Clemens: „So nicht – alle auf einen Stapel."
Marie-Helene guckt hilfesuchend.
Clemens: „Alle auf einen Stapel."
Marie-Helene schiebt vorsichtig wieder einen Klotz darunter – wird dann aber schnell unterbrochen.
Clemens: „Alle auf einen Stapel!"
Marie-Helene: „So?" (legt den Klotz aufrecht vor sich hin und ...)
Clemens: „Ja. Alle auf einen Stapel!"
Marie-Helene schiebt ihn dann zu den anderen. Die Klötze liegen nun waagerecht vor ihr.
Clemens: „Jetzt musst du es richtig hinstellen."
Marie-Helene versucht die Klötze alle zusammen aufzustellen, was misslingt.
Clemens: „Einer auf den anderen."
Marie-Helene schiebt nun einen Klotz darunter und legt die anderen darauf.
Clemens: „Genau, alle auf einen Stapel."

Was konnte hier beobachtet werden?

Clemens spricht vom Beginn der Interaktion an von *„Stapel"* – dieser Begriff ist Marie-Helene völlig unbekannt. Sie versucht aus den Anweisungen nach und nach sich ein Konzept von *„Stapel"* aufzubauen und durch Nachfragen dieses bestätigen zu lassen. Bis es ihr zum Schluss mit der Bemerkung *„Einer auf den anderen"* gelingt, das Rätsel zu lösen. Hier ist ein Ko-Konstruktionsprozess zu beobachten. Marie-Helene lernt von dem kompetenteren Peer (Clemens) den Begriff *„Stapel"* = *„einer auf den anderen"*. Damit wurde ihr Wortschatz direkt erweitert. Ko-Konstruktionsprozesse führen dazu, dass wir direkt beobachten können, wie in der Interaktion die wechselseitigen Austauschprozesse zu Konzeptveränderungen führen.

Offene Fragen

Neben den Austauschprozessen können auch die „offenen Fragen" eingesetzt werden, um Kinder aktiv an den Interaktionsprozessen zu beteiligen und komplexe Antworten herauszufordern.

Beispiel:

Die Kinder sind irritiert. An dem Tisch, an dem sie gespielt haben, sind plötzlich unterschiedliche Farbpunkte.
Die Punkte kommen von den Rahmen mit bunten Glasscheiben, die auf der Fensterbank gestapelt sind. Heute scheint zum ersten Mal die Frühlingssonne in den Gruppenraum, sodass dieses Farbenspiel zuvor noch nicht beobachtet werden konnte.

Die Erzieherin greift die Irritation auf.
Erzieherin: „Was ist das denn? Wo kommen denn die bunten Punkte her?"
Lotta: „Die waren plötzlich da."
Valentino: „Das ist ein Regenbogen."
Lotta: „Nein, eine getupfte Wiese."
Erzieherin: „Und wo kommen die her?"

Zufällig stellt sich jetzt Tom vor den Tisch, sodass die Farbpunkte nicht mehr auf dem Tisch zu sehen sind.

Lotta: „Äh – jetzt sind die weg?"
Valentino: „Hmmm."
Tom: „Was macht ihr hier?"
Erzieherin: „Wir fragen uns, wo die bunten Punkte geblieben sind, die wir eben gesehen haben."
Tom: „Welche Punkte?" (und läuft auf die andere Seite)
Lotta: „Da!"
Erzieherin: „Tom, hast du eine Idee, wo die Punkte herkommen?"

Tom blickt zum Fenster und entdeckt die Rahmen mit den bunten Glasscheiben.
Tom: „Hier." (Er läuft zur Fensterbank und zeigt auf die Rahmen und verschiebt einen der Rahmen.)
Lotta: „Guckt!"
Valentino: „Lass mich auch mal."
Lotta: „Die Punkte kommen von den Glasrahmen ..."
Erzieherin: „Tom bring die Rahmen mal hier an den Tisch."
Lotta: „Da darfst du nicht stehen. Sonst gibt es keine Sonne."
Erzieherin: „Was passiert denn, wenn ihr die Rahmen dreht?"
Valentino: „Guck so." (Die Lichtpunkte werden groß- und kleinflächig.)

Die Kinder experimentieren mit den Rahmen. Stapeln diese aufeinander, probieren aus, wann die Farben am schönsten sind, wie sich die Muster auf dem Tisch verändern ...

Diese intensive Auseinandersetzung wäre vielleicht nicht in Gang gekommen, wenn die Erzieherin die Irritation der Kinder nicht aufgegriffen hätte. Mit den offenen Fragen:

- *„Was ist das denn?"*
- *„Wo kommen denn die bunten Punkte her?"*
- *„Tom, hast du eine Idee, wo die Punkte herkommen?"*
- *„Was passiert denn, wenn ihr die Rahmen dreht?"*

gelingt es, die Kinder dazu anzuregen bei der Beobachtung zu bleiben und sich weitere Gedanken darüber zum machen. Offene Fragen ermöglichen viele Antworten – das macht diese Frageform besonderes interessant, wenn es darum geht, eine offene Auseinandersetzung mit einem Phänomen, einem noch ungeklärten Ereignis, anzuregen. Dank Tom wird auch schnell entdeckt, wo die bunten Lichtpunkte herkommen und wodurch diese verursacht werden. Der Anstoß der Erzieherin führt so zu einer Experimentierphase, in der sich die Kinder untereinander mit Licht und Schatten beschäftigen.

Von besonderer Qualität sind „offene Fragen", wenn auch die Erzieher/-innen selbst vor einem Rätsel stehen. Denn dann wird auf einer Ebene diskutiert; das erfordert insbesondere von den Erwachsenen eine hohe Sensibilität, um die Gedankengänge der Kinder nachzuvollziehen.

Problemlösungsprozesse

In diesem Zusammenhang ist es auch nicht verwunderlich, wenn die Forschung darauf hinweist, dass insbesondere bei Problemlösungsprozessen intensive Interaktionsphasen beobachtet werden können.

Beispiel:
Marie (2;6 Jahre) findet keinen Platz am Knettisch. Danach schubst sie Philipp (2;2 Jahre) beinahe vom Stuhl. Die Erzieherin, die auch am Tisch sitzt, reagiert darauf.
Erzieherin: „Marie, warum schubst du Philipp vom Stuhl?"
Marie: „Das ist mein Platz."
Erzieherin: „Aber der Philipp sitzt doch hier?"
Marie: „Ich will auch kneten."
Erzieherin: „... und was machen wir jetzt?"
Marie: „Weiß nicht."
Erzieherin: „Dann frag doch den Philipp, ob er rücken kann. Dann kannst du noch einen Stuhl dazustellen."

Das Problem wird auch hier mit einer „offenen Frage" eingeleitet – dann aber direkt auch eine Lösung vorgeschlagen. Der Erzieherin gelingt es, das Anliegen von Marie nachzuvollziehen, und sie bietet, dem Alter entsprechend, eine Lösung dazu an.

Ko-Konstruktion

Von besonderer Qualität sind Interaktionsprozesse, die eine hohe Sensibilität der Beteiligten herausfordern und geteilte Denkprozesse initiieren. Solche Prozesse können zur Ko-Konstruktion führen. Hier wird in Gleichheit und Solidarität interagiert, dazu ist es notwendig, dass „offene" Aushandlungsprozesse geführt werden, in denen sich die Erzieher/-innen auf die Ebene der Kinder begeben und versuchen die Gedanken der Kinder nachzuvollziehen.

Beispiel:

Lea und Lotta haben einen gemeinsamen Plan vom Weg zwischen ihrem Wohnhaus und dem Kindergarten gezeichnet.

Lea: „Guck mal – was wir gemacht haben."
Erzieherin: „Was ist das denn? Erzählt mal."
Lea: „Das ist der Weg von der Bettina-Steinbrecher-Straße zum Kindergarten."
Lotta: „Das beginnt hier bei der Treppe."
Erzieherin: „Ist das die Treppe zu eurer Wohnung?"
Lotta: „Nein – wir wohnen doch im 4. Stock. Das sind die Treppen davor."
Erzieherin: „Ach – das sind die Stufen, die zu eurer Haustür führen, bevor man ins Treppenhaus kommt."
Lotta: „Genau."
Erzieherin: „Ok, jetzt steh ich auf der Straße hier und wo geht's jetzt lang? Ach da, da ist ein Pfeil; dann lauf ich mal bis dahin – was ist das für ein Zeichen?"
Lea: „Hier bis zur Apotheke – das soll ein ‚A' sein für Apotheke."
Erzieherin: „Ja – das kann ich gut erkennen und jetzt geht's weiter, wo geht's jetzt lang? Hier über die Straße?"
Lotta: „Oh Lea, guck mal."
Lea: „Da fehlt ja was?"
Lotta: „... und wo ist der Pfeil?"
Lea: „Wir haben ein Stück vergessen – da kommt jetzt noch der Bäcker und dann ... "
Lotta: „Hier?" (Hat einen Stift in der Hand und deutet auf das Blatt.)
Lea: „Nee, hier oder? Erst der Bäcker und dann nach dem Briefkasten laufen wir über die Straße."
Lotta: „Nein – der steht doch beim Kindergarten – der Briefkasten."
Lea: „Ach so – stimmt ja – genau, dann da."
Lotta malt den Pfeil über die Straße.
Erzieherin: „Gut, dann geh ich hier beim Bäcker über die Straße. Dem Pfeil nach ... am Briefkasten vorbei und bin hier schon im Kindergarten. Was habt ihr denn da noch? Was bedeutet das Zeichen?"
Lotta lacht.
Lea: „Das ist doch das Hüpfspiel, das wir gestern da mit dem Kai gespielt haben"(lacht).
Erzieherin: „Ganz toll. Eine sehr gute Idee – habt ihr den Plan für den Manuel gemalt? Der kommt doch heute zu euch zu Besuch – hat mir seine Mutter verraten."
Lotta: „Ja – aber wir laufen auch mit dem Manuel mit, denn der kommt zu uns über Mittag."
Lea: „Manuel! Guck!"

Die Erzieherin muss sich auf dem Bild zunächst zurechtfinden und muss mit „offenen Fragen" versuchen, Orientierung zu finden:

- *„Was ist das denn? Erzählt mal."*

Lotta und Lea geben der Erzieherin eine genaue Orientierung, sodass es ihr gut gelingt, sich in den Plan einzudenken. Trotzdem ist es notwendig, bestimmte Dinge zu klären, wie z. B. die Stufen am Eingang:

- *„Ist das die Treppe zu eurer Wohnung?"*

Lotta versucht es zu erklären:

- *„Nein – wir wohnen doch im 4. Stock. Das sind die Treppen davor."*

Die Erzieherin sucht nach Klarheit:

- *„... das sind die Stufen, die zu eurer Haustür führen, bevor man ins Treppenhaus kommt."*

Lotta bestätigt das:

- *„Genau."*

Die Klärung hilft der Erzieherin, den Plan zu verstehen, und sie versucht diesen „virtuell" abzulaufen und so nachzuvollziehen:

- *„Ok, jetzt steh ich auf der Straße hier und wo geht's jetzt lang? Ach da, da ist ein Pfeil, dann lauf ich mal bis dahin ..."*

Das „schrittweise" Nachvollziehen führt auch dazu, dass Lotta und Lea noch einmal über ihren Plan diskutieren müssen, denn offensichtlich fehlt eine Markierung:

- *„... wo geht's jetzt lang?"*
- Lotta: *„Oh, Lea, guck mal."*

Und die Antwort von Lea schafft dann Klarheit:

- *„Da fehlt ja was?"*

Und Lotta verweist auf die Markierung

- *„... und wo ist der Pfeil?"*

Dabei kommt es nun zu einem Aushandeln zwischen Lea und Lotta. Schnell ist klar, dass ein Teil vergessen wurde, aber wo geht es nun genau über die Straße?

> *Lotta: „Hier?" (Hat einen Stift in der Hand und deutet auf das Blatt.)*
> *Lea: „Nee, hier oder? Erst der Bäcker und dann nach dem Briefkasten laufen wir über die Straße."*
> *Lotta: „Nein – der steht doch beim Kindergarten – der Briefkasten."*
> *Lea: „Ach so – stimmt ja – genau, dann da."*
> *Lotta malt den Pfeil über die Straße.*

Jetzt hat auch die Erzieherin wieder Orientierung und kann die „Schritte" bis zum Kindergarten gehen. Auch mit der folgenden Frage wird deutlich, welches Interesse die Erzieherin an dem Plan der Kinder hat:

- *„Was habt ihr denn da noch? Was bedeutet das Zeichen?"*

Die Erzieherin versucht die Gedanken von Lotta und Lea nachzuvollziehen und lässt sich auf die Rolle der Unwissenden ein. Dadurch gelingt es ihr, eine Lücke im Plan zu entdecken (der fehlende Pfeil), aber auch, mit Lottas und Leas Augen den Weg zum Kindergarten bzw. das, woran sich die beiden orientieren, wahrzunehmen. Solche Auseinandersetzungen, die in der Wechselseitigkeit angelegt sind, und die „offene Fragen" dazu nutzen, Gedankengänge nachzuvollziehen und nicht vorschnell Antworten zu finden, gelten als besonders anregende Interaktionsprozesse. In diesen dichten Auseinandersetzungen (Involvement), in die Kinder und Erzieherin verstrickt sind, bestehen vielfältige Chancen, an Lern- und Bildungsprozesse anzuknüpfen und den Kindern innerhalb ihrer Interessensgebiete Anregungen zu geben bzw. Dinge infrage zu stellen:

- *„... wo geht's jetzt lang?"*

IN KÜRZE

In diesem Kapitel sollten die theoretischen Überlegungen zur Didaktik mit den Forschungsbefunden zur Interaktion verknüpft werden. Dabei zeigt sich, dass die Konzepte zu einem didaktischen Aufbau zur Anregung von Lern- und Bildungsprozessen einen guten Rahmen bieten. Die Interaktionsprozesse zwischen Erzieher/-in und Kind und die Beschäftigung mit einem „gemeinsamen Gegenstand“ gelten dabei als Grundmodell (didaktisches Dreieck; siehe S. 55), wobei die Forschungsbefunde konkrete Hinweise dazu liefern, welche Kriterien für eine anregungsreiche Interaktion wichtig sind:

- Aushandlungsprozesse
- offene Fragen
- Problemlösungsprozesse
- Ko-Konstruktion

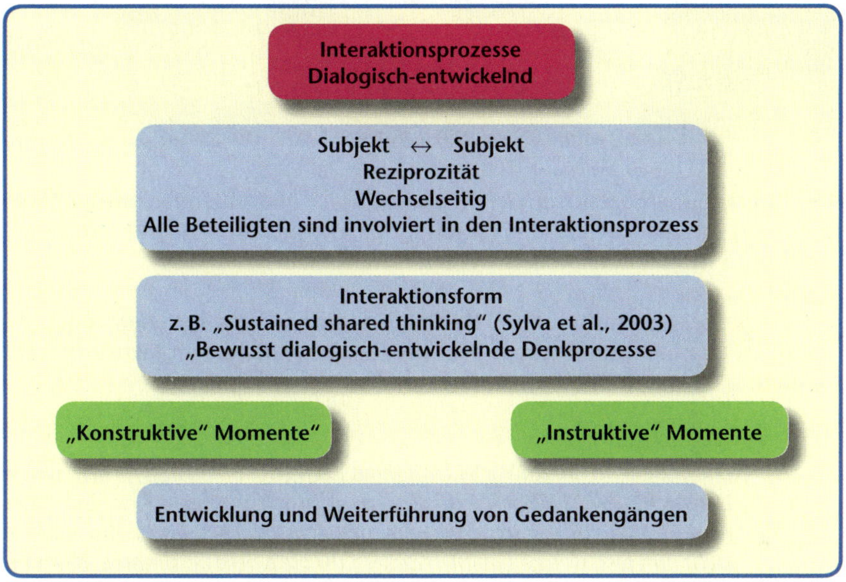

Interaktionsprozesse (vgl. König, 2009, S. 141)

Im folgenden Kapitel soll geklärt werden, wodurch genau sich die geteilten Denkprozesse auszeichnen.

5.4 Was muss noch beachtet werden?

Grundhaltungen im Interaktionsprozess

Der Interaktionsprozess kann in der Interaktion unterschiedlich angelegt sein. Dafür gilt es eine wachsende Sensibilität zu entwickeln. Folgende Grundhaltungen im Interaktionsprozess werden unterschieden:

Ewachsenen-zentrierte Interaktion

Die erwachsenenzentrierte Interaktion: Erwachsene bzw. Erzieher/-innen dominieren den Interaktionsprozess und bestimmen, wie die Projekte umgesetzt werden.

Beispiel:
Die Erzieherin hat im Vorfeld mit ihren Kollegen/-innen besprochen, welche Laternen dieses Jahr mit den Kindern gebastelt werden sollen. Am Laternenfest sollten die Laternen einheitlich sein. Nach langem Hin und Her steht nun fest, welche Laternen dieses Jahr die Nacht bestimmen. Bevor mit der Aktion begonnen werden kann, hat die Erzieherin alle Materialien zusammengesucht und auf dem Basteltisch übersichtlich sortiert. Den Kindern zeigt die Erzieherin eine fertig gebastelte Laterne, damit sie sehen, wie die Laterne am Schluss aussieht. Danach wird besprochen, wie das Ziel erreicht werden kann. Nun werden Schritt für Schritt die Anweisungen ausgeführt, die zum Ziel führen.

Das Feld des gemeinsamen Austauschs (geteilte Denkprozesse) bewegt sich hier sehr eng an dem Denken (Plan) der Erzieherin. Den Kindern bleibt kaum Freiheit, ihre eigenen Ideen mit einzubringen – denn wie die Laterne aussehen soll, wurde bereits im Vorfeld von den Erzieher/-innen bestimmt.

Kindzentrierte Interaktion

Die kindzentrierte Interaktion:
Hier lässt sich der Erzieher/die Erzieherin ganz auf die Vorstellungswelt des Kindes ein. Die Interaktion kann auch als nachgehend beschrieben werden.

Beispiel:
Jana (15 Monate) ist neu im Kindergarten. Die Erzieherin ist mit Jana in der Rollenspielecke. Jana hat den kleinen Backofen und die kleinen Formen entdeckt. Die Erzieherin unterstützt Jana beim Spielen – indem sie die Ausführung von Jana liebevoll begleitet. Jana reicht der Erzieherin ein Förmchen, und diese nimmt es in die Hand und sagt: „Hmm lecker. Frischer Kuchen." Jana lacht.

Das Spiel, welches hier zustande kommt, ist nicht geplant. Es entsteht spontan. Die Erzieherin versucht die Impulse von Jana aufzugreifen, z. B. die Assoziation mit dem Kuchen. Die Überschneidung der Denkprozesse liegt hier ganz nah bei Jana – die den Interaktionsverlauf bestimmt. Die Erzieherin versucht sich in das Handeln hineinzuversetzen und lässt sich von Jana dabei leiten.

Diese unterschiedlichen Grundhaltungen gilt es im Interaktionsprozess im Blick zu haben.

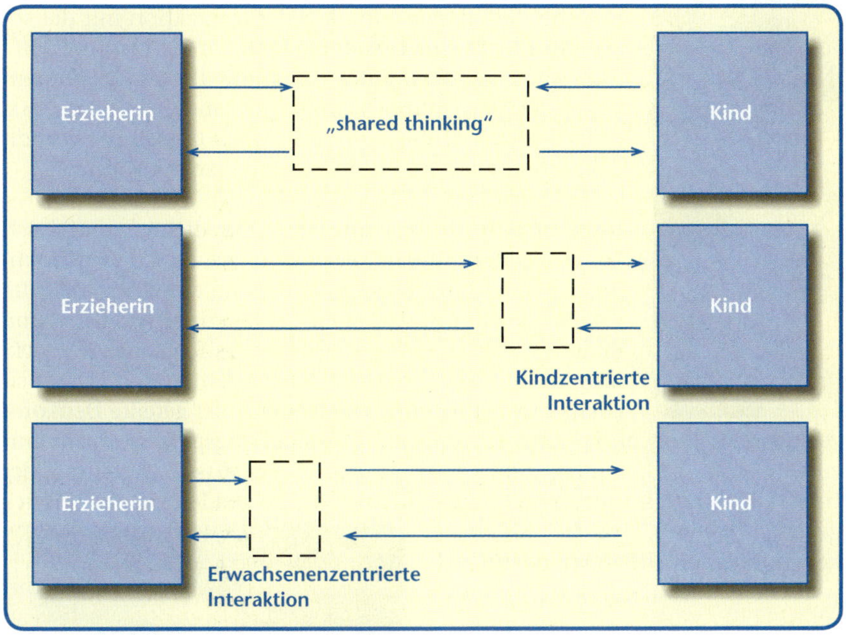

Shared Thinking (vgl. König, 2009, S. 126)

Geteilte Denkprozesse

Bei den geteilten Denkprozessen stehen die Interaktionspartner/-innen miteinander in einer wechselseitigen Beziehung und bauen ihre geteilten Denkprozesse dadurch auf, dass alle ihre Gedanken einbringen. So entsteht eine sehr gute Lernatmosphäre, die sich durch hohe Konzentration und Anregungen auszeichnet, die sehr dicht bei den individuellen Lernprozessen liegen.

IN KÜRZE

Bei den Interaktionprozessen muss zwischen bestimmten Grundhaltungen unterschieden werden. Eine erwachsenenzentrierte Interaktion zeichnet sich dadurch aus, dass die Erwachsenen eine klare Vorstellung über den Verlauf der Interaktion haben – und das Lern- und Bildungsziel im Vorfeld festgelegt wird. Bei der kindzentrierten Interaktion lassen sich die Erwachsenen vom Kind leiten. Nur bei Interaktionsprozessen, die sich durch geteilte Denkprozesse auszeichnen, handeln Erwachsene und Kinder solidarisch und bringen ihre Gedanken wechselseitig in den Interaktionsprozess ein. Diese Prozesse ermöglichen intensive Auseinandersetzung, wobei die Interaktionspartner/-innen Impulse geben, die sehr dicht an den wechselseitigen Denkprozessen liegen und daher ein hohes Potenzial haben, Bildungs- und Lernprozesse auszulösen.

5.5 Was führt zu intensiven Interaktionsphasen?

Das Buch soll dahin führen, ein Bewusstsein für die Gestaltung von Interaktionsprozessen im pädagogischen Alltag zu schaffen. Heute weisen, wie bereits ausführlich dargestellt, sowohl die Forschung als auch die Bildungs- und Lerntheorien darauf hin, dass der Interaktion mit der sozialen Umwelt eine besondere Rolle für die Lern- und Bildungsprozesse der Kinder zukommt. Dieses Zusammenspiel der Disziplinen macht es möglich, dass wir differenzierter als bisher Aussagen zur Gestaltung von didaktischen Phasen in Kindergärten machen können.

Insbesondere die Nutzung von sehr dichten und hoch konzentrierten Interaktionsphasen, wie die Ko-Konstruktion, Aushandlungsprozesse, dialogisch-entwickelnde oder geteilte Denkprozesse, halten das Potenzial vor, Lern- und Bildungsprozesse in der Zone der nächstfolgenden Entwicklung zu unterstützen. Dabei ist es wichtig, sich klarzumachen, dass dialogisch-entwickelnde oder geteilte Denkprozesse eine gelungene Ko-Konstruktion oder Aushandlungsprozesse nicht nur zufällig zustande kommen, sondern auch durch eine bewusste Gestaltung der Interaktionsprozesse vorbereitet werden können. Im Folgenden soll ein Einblick gegeben werden, welche Möglichkeiten über die Interaktion eröffnet werden.

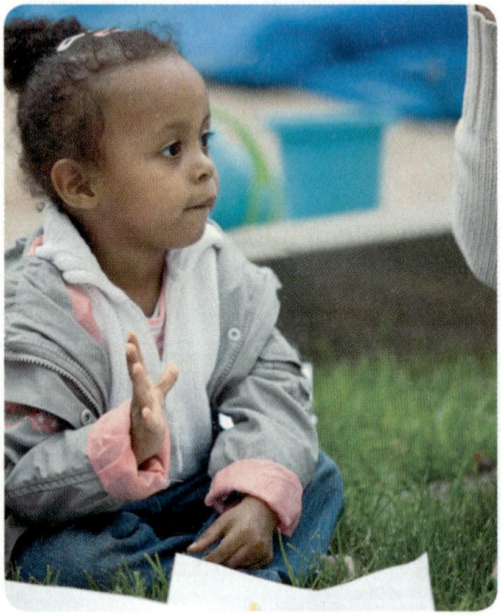

Eine gute Lernatmosphäre zeichnet sich durch ein vertrauensvolles Verhältnis zwischen Erzieher/-innen und Kindern sowie eine bewusste Gestaltung der Interaktion aus.

Um die komplexen Interaktionen, die im pädagogischen Alltag stattfinden, entsprechend einordnen zu können, wird hier der Versuch unternommen, diese in die didaktische Struktur des „Dreischritts“ und des „didaktischen Dreiecks“ einzubinden.

Der Dreischritt in der Didaktik zeichnet sich durch drei verschiedene Interaktionssequenzen aus (siehe Abbildung, S. 53):

- Einstieg
- Arbeitsphase
- Abschluss

Das didaktische Dreieck verdeutlicht, welches Verhältnis zwischen Erzieher/-in, Kind und gemeinsamem Gegenstand besteht (siehe Abbildung, S. 55).

5.5.1 Einstiegsphase

Initiieren: Welche Möglichkeiten gibt es, einen Kontakt zu initiieren? *Initiieren*

Jedem längeren Interaktionsprozess geht eine Phase der Kontaktaufnahme (Initiieren) voraus. Meistens läuft dieser Prozess ganz unbewusst ab. Nur wenn der Einstieg in die Interaktion nicht so reibungslos verläuft, wie wir das gewohnt sind, machen wir uns auch Gedanken darüber, wie wir mit dem Kind in Kontakt kommen können.

Jede Interaktion beginnt mit einem Blickkontakt. Wenn das Kind den Blickkontakt erwidert, ist ein gemeinsamer Bezugspunkt gesetzt, von dem aus es einen Interaktionsprozess anzubahnen gilt.

Möglichkeiten	Beispiel
Die Erzieherin/der Erzieher nimmt Blickkontakt zum Kind auf.	
Die Erzieherin/der Erzieher gibt Impulse ohne Interaktionsaufforderung.	„Du könntest ein Bild malen." „Geh doch in die Bauecke."
Die Erzieherin/der Erzieher benutzt Fragen, die eine Ja/Nein-Antwort fordern (mit Interaktionsaufforderung).	„Möchtest du mitspielen?" „Sollen wir gemeinsam etwas spielen?"
Die Erzieherin/der Erzieher stellt W-Fragen.	„Was hast du denn gestern gemacht?" „Wie gefällt dir unsere neue Leseecke?"

Wenn der Einstieg in die Interaktion schwierig ist, dann liegt das an ganz unterschiedlichen Dingen. Neben dem mangelnden Interesse kann es auch sein, dass Kinder Schwierigkeiten haben, an die „Einladungen" anzuknüpfen. Das kann daran liegen, dass die Kinder noch nicht über eine entsprechende Sprachkompetenz verfügen oder aber verunsichert sind. Jeder Interaktionsimpuls bietet prinzipiell eine Möglichkeit für das Kind, sich an der Kontaktanbahnung zu beteiligen. So kann sich aus dem „Monolog" ein gemeinsamer „Dialog" entwickeln. Der Dialog ist bezeichnend für die gemeinsamen Aushandlungsprozesse.

Wenn Kindern das Anknüpfen an die Möglichkeiten schwerfällt, gilt das Nachspüren als Chance, um Kindern den Einstieg in die Kommunikation zu erleichtern. Dabei wird den Kindern viel Zeit eingeräumt, um zu antworten, z. B. durch das Wiederholen der Aussage des Kindes, oder aber es werden Ant- *Nachspüren* worten teilweise vorstrukturiert. Diese Methode ermöglicht vor allem Kindern, die noch nicht über umfangreiche sprachliche Kompetenzen verfügen, leichter an die Interaktion anzuknüpfen. Des Weiteren kann es auch sinnvoll sein, erneut an den Handlungskontext (gemeinsamen Gegenstand) anzuknüpfen und genau nachzufragen. Das Nachspüren signalisiert ein Interesse der Erzieher/-innen an der Interaktion mit dem Kind, wenn an den ersten Versuch der Kontaktaufnahme noch ein weiterer anschließt.

Möglichkeiten	Beispiel
Die Erzieherin/der Erzieher wiederholt die Aussagen des Kindes.	„Das ist also das Auto." „Und hier wohnen die Kinder."
Die Erzieherin/der Erzieher fragt nach, ohne an einen Handlungskontext anzuschließen.	„Was möchtest du denn spielen?" „Erzähl mal, wie möchtest du das spielen?"
Die Erzieherin/der Erzieher spricht in Ellipsen.	„Heute haben wir ..." „Das ist ein ..."

Motivation

Motivation: Wie kann eine Interaktion fortgeführt werden?

Hierbei spielt das didaktische Dreieck (siehe S. 55) eine wesentliche Rolle. Denn es geht in dieser Phase darum, die Kinder für einen gemeinsamen Gegenstand zu interessieren. Das kann gelingen, wenn an bereits bekannte Sachverhalte bzw. das Wissen der Kinder angeschlossen wird. Wenn nach Ursachen und Gründen gefragt wird aber auch dadurch, dass Kinder zu dem gemeinsamen Gegenstand zurückgeführt werden.

Möglichkeiten	Beispiel
Die Erzieherin/der Erzieher stellt einen Bezug zu bekannten Sachverhalten oder Kontexten her.	„Wie macht ihr das denn, wenn ihr zu Hause so etwas macht?" „Könnt ihr euch erinnern, als wir im Sommer im Wald waren? Da haben wir auch Frösche beobachtet."
Die Erzieherin/der Erzieher stellt einen Bezug zu dem gegenwärtigen Sachverhalt her.	„Habt ihr gesehen, wie schnell der Stein gesunken ist?" „Schaut mal, hier sind noch mehr."
Die Erzieherin/der Erzieher fragt nach Ursachen und Gründen.	„Warum ist denn das Wasser so schwarz?" „Was passiert wohl, wenn wir diesen Stein herausnehmen?"
Die Erzieherin/der Erzieher sagt, das Kind soll seine Tätigkeit wieder aufnehmen.	„Hast du die Zugbrücke schon fertig? Dann komm ich gleich und schau mir an, wie sie funktioniert." „Du wolltest doch wissen, warum wir das so gemacht haben. Dann kannst du jetzt nicht einfach weglaufen."

Abwarten und Zuhören

Abwarten und Zuhören: Was ist zu tun, wenn die Kinder auf die Fragen nicht antworten?

Wie wir gesehen haben, gehören Abwarten und Zuhören zu den wesentlichen Elementen, um mit den Kindern eine gemeinsame Interaktion aufzubauen. Das Abwarten ermöglicht es den Kindern, sich mit ihren Gedanken an der Interaktion zu beteiligen. Das aufmerksame Zuhören ist der Schlüssel, um sich den Gedanken der Kinder zu nähern. Hier ergeben sich die Möglichkeiten, eine erweiterte Interaktion aufzubauen.

Das Abwarten bzw. das Verweilen in der Interaktion macht es auch notwendig, dass ein Freiraum für den Interaktionsprozess geschaffen wird, d. h., dass in der Zeit etwa andere Kinder abgewiesen werden, um den Prozess nicht zu unterbrechen und aufmerksam zu verfolgen. So gelingt es, eine Konzentrationsphase aufzubauen, die dann in eine intensivere Arbeitsphase münden kann.

Möglichkeiten	Beispiel
Die Erzieherin/der Erzieher hört zu ohne Blickkontakt.	
Die Erzieherin/der Erzieher hört zu und hält den Blickkontakt zum Kind.	
Die Erzieherin/der Erzieher weist Kinder ab.	„Jetzt spiel ich mit Lea.“ „Im Moment bin ich hier, später komm ich zu dir.“
Die Erzieherin/der Erzieher wartet, bis ein Kind seine Tätigkeit vollendet hat.	

Reaktion

Reaktion: Brauchen Kinder eine Rückmeldung oder werden damit Wertungen abgegeben, die Kinder in ihrer Entwicklung eher negativ beeinflussen?

Interaktionen leben über das Feedback, das von der Gruppe gegeben wird, bzw. die Reaktionen, die eine Bestätigung für das Tun geben. Die Bestätigung des eigenen Tuns durch die Kommunikation mit Erzieher/-innen und Kindern unterstützt den Aufbau eines positiven Selbstkonzepts. Neben einem positiven Feedback gilt es auch, eine konstruktive „Fehlerkultur“ zu pflegen und durch das Infragestellen von Handlungen Kinder zum Nachdenken zu ermuntern oder die Situation als Anlass zu verstehen, gemeinsam nach Lösungen zu suchen.

Möglichkeiten	Beispiel
Die Erzieherin/der Erzieher gibt Feedback.	„Ja“ oder „Hm“ „Damit kenn ich mich nicht aus.“
Die Erzieherin/der Erzieher gibt Feedback mit Bemerkungen wie z. B. „gut“, „schön“ ohne Interaktionsaufforderung.	„Das hast du toll gemacht!“ „Das ist aber ein schönes Bild mit den Bäumen.“
Die Erzieherin/der Erzieher weist die Kinder/das Kind auf Regeln hin.	„Lass das bitte!“ „Das Papier ist nur zum Falten von Papierdrachen!“
Die Erzieherin/der Erzieher gibt Handlungsanweisungen.	„Jetzt schneiden wir den Elefanten aus.“ „Stell die Schuhe bitte nach draußen.“

5.5.2 Arbeitsphase

Erweitern der Interaktion

Unterstützen und fordern

Das Erweitern der Interaktion hat eine zentrale Funktion. Nach dem didaktischen Dreischritt (siehe S. 53) kann diese Phase als Arbeitsphase verstanden werden. Hier beginnt eine intensive Auseinandersetzung. Solche Auseinandersetzungen eigenen sich dazu, um geteilte Denkprozesse zu initiieren und Lern- und Entwicklungsprozesse der Kinder sensibel zu unterstützen und zu fordern (die ist allerdings noch keine Ko-Konstruktion). Die Arbeitsphase unterscheidet sich vom Interaktionsprozess in der Einstiegsphase durch die bereits aufgebaute Konzentration auf den gemeinsamen Gegenstand.

Die hier aufgeführten Möglichkeiten eröffnen erweiterte Interaktionsprozesse; die hohe Konzentration in der Arbeitsphase wird durch das Interesse der Erzieher/-innen am Tun der Kinder unterstützt. Insbesondere differenzierte Erklärungen führen dazu, die bisherigen Vorstellungen der Kinder zu erweitern. Aber auch das interessierte Nachfragen und insbesondere ein sensibles Aufgreifen der Ideen der Kinder ermöglichen in der Lerngemeinschaft geteilte Denkprozesse aufzubauen.

Jede der in der folgenden Tabelle dargestellten Möglichkeiten eröffnet die Chance für einen geteilten Denkprozess, sofern sensibel auf die Reaktionen der Kinder eingegangen wird. Das heißt, auch hier hat die Kategorie „Abwarten und Zuhören" eine Schlüsselfunktion.

Möglichkeiten	Beispiel
Die Erzieherin/der Erzieher bekundet Interesse am Handlungskontext.	„Und wie geht die Geschichte jetzt weiter?" „Das ist eine tolle Burg geworden, sollen wir zusammen noch versuchen, einen Brunnen dazu zu bauen?"
Die Erzieherin/der Erzieher erklärt, wie oder warum etwas so ist, wie es ist.	„Hier gibt es kleine Fenster, damit die Pflanzen auch Licht haben." „Damit der Drache nicht wegfliegt, muss er an einer Schnur festgebunden werden."
Die Erzieherin/der Erzieher spricht frühere Erfahrungen an, um auf bereits bekannte Techniken und vorhandenes Wissen zu verweisen.	„Vielleicht könnt ihr das auch so machen, wie wir es an dem Drachen ausprobiert haben?" „Habt ihr euch noch mal im Lexikon das Bild dazu angeschaut?"
Die Erzieherin/der Erzieher ermutigt das Kind zu neuen Erfahrungen, d. h. sie regt es an, etwas auszuprobieren. Die Erzieherin/der Erzieher macht einen Vorschlag (Experimentieren).	„Hast du schon einmal versucht, mit den Wasserfarben darüber zu malen? „Ich würde es einmal mit dem Meißel versuchen, vielleicht klappt es dann."
Die Erzieherin/der Erzieher stellt Fragen, die auf Probleme verweisen. Die Erzieherin/der Erzieher stellt etwas infrage.	„Wie kann die Tür geöffnet werden, wenn hier der Brunnen steht?" „Aber wie sollen die Ritter über den Graben kommen?"
Die Erzieherin/der Erzieher benennt, was die Kinder getan oder gesagt haben (Impuls Erz.).	„Ida hat einfach Sand dafür genommen." „Tim hat dafür die Schere genommen."
Die Erzieherin/der Erzieher greift die Einwände der Kinder/des Kindes auf (Impuls Kind).	„Paul meint, wir könnten hier ein Loch graben, um den Tunnel zu verbinden." „Wie meinst du das Ida?"
Die Erzieherin/der Erzieher bestätigt das Tun der Kinder/des Kindes, indem sie das Handeln kommentiert. Damit verbindet sie/er eine Interaktions aufforderung.	„Wie hast du das denn hinbekommen, dass das Flugzeug so toll fliegt?" „Prima, jetzt hast du ja schon die Hälfte geschafft. Wie willst du das jetzt weiter machen?"
Die Erzieherin/der Erzieher gibt Tipps und konstruktive Hinweise, die das Handeln der Kinder/des Kindes noch verbessern können.	„Damit das Flugzeug besser fliegt, musst du die Tragflächen größer machen." „Wenn du die Umbrüche ganz glatt streichst, dann lässt sich das Papier leichter falten."

Delegieren

Delegieren: Welche Rolle haben die Kinder im Interaktionsprozess?

Die Arbeitsphasen können auch darüber bestimmt werden, dass die Erzieher/-innen Leitung und Organisation an die Kinder delegiert. Wie im Vorfeld bereits beschrieben, können Interaktionsprozesse erwachsenen- bzw. kindzentriert aufgebaut sein. Mit dem Delegieren wird insbesondere auf die Kompetenzen der Kinder zurückgegriffen. Hier ziehen sich die Erzieher/-innen aus ihrer leitenden Rolle zurück und übernehmen die eines Tutors/einer Tutorin. Diesem Vorgehen kommt eine große Bedeutung zu, wenn wir das Kind als Akteur/-in seiner Entwicklung ernst nehmen möchten.

Möglichkeiten	Beispiel
Die Erzieherin/der Erzieher überträgt den Kindern Aufgaben.	„Anton du kannst schon die Zeitungen aus dem Korb in der Abstellkammer holen." „Hannah fragst du in der anderen Gruppe nach, wie viele Kinder in die Kunsthalle mitkommen?"
Die Kinder verrichten Ordnungsdienste.	Die Kinder versorgen ihre Materialien wie Schere, Klebstoff usw. Die Kinder bereiten den Tisch für das Frühstück vor.
Die Erzieherin/der Erzieher verweist auf bestimmte Kinder, die die anderen bei bestimmten Aufgaben unterstützen können.	„Sophia kannst du es noch mal erklären?" „Aaron zeigt euch, wie ihr den Flieger bauen könnt."
Die Erzieherin/der Erzieher überlässt das Vorgehen/die Organisation den Kindern (Management).	„Das könnt ihr allein ohne mich." „Dazu braucht ihr mich nicht mehr."
Die Erzieherin/der Erzieher fragt die Kinder bei Problemen.	„Was meint ihr, wie wir das besser organisieren können, dass jeder einmal drankommt?" „Wie können wir das machen, dass alle Menschen etwas sehen können?"

Aus allen hier angeführten Anregungen können sich dialogisch-entwickelnde Interaktionsprozesse entwickeln.

Dialogisch-entwickelnde Interaktionsprozesse

Dialogisch-entwickelnde Interaktionsprozesse: Wodurch zeichnen sich die dichten Interaktionsphasen aus?

Es ist äußerst wichtig, den Interaktionsprozess durch Sensibilität und Reziprozität zu begleiten. Dem „Abwarten und Zuhören" kommt hier eine zentrale Funktion zu. Dialogisch-entwickelnde Interaktionsprozesse zeichnen sich durch wechselseitigen Austausch aus und betonen das Involvement aller Beteiligten (F) → Konzentration. Im Dialog eine Interaktion aufzubauen ist verbunden mit Gleichberechtigung und Ernstnehmen aller Beteiligten. Das Interesse an den Vorstellungen der Kinder zum gemeinsamen Gegenstand ist hier Anlass dafür, einen Dialog aufzubauen. Diese dichten Interaktionsphasen werden begleitet von konstruktiven und instruktiven Momenten, die sich durch das Prinzip der Ko-Konstruktion auszeichnen.

Ko-Konstruktion

Ko-Konstruktion: Der Begriff Ko-Konstruktion knüpft an ein konstruktivistisches Bildungs- und Lernverständnis an und geht davon aus, dass Verstehen immer von bereits gemachten Erfahrungen bzw. dem bisherigen Verständnis abhängig ist. Ko-Konstruktion verweist auf die Wechselseitigkeit des Interaktionsprozesses. Mittels des wechselseitigen Austauschs wird „ko-konstruktiv" das bisherige Verständnis differenziert.

Möglichkeiten intensiver Interaktionsphasen, die sich durch dialogisch-entwickelnde Denkprozesse auszeichnen, bieten insbesondere Problemlösungsprozesse, das Erfinden von Geschichten, Klärung von Begriffen und Vorgängen sowie das Absprechen von Aktivitäten oder Planen von Projekten.

Möglichkeiten	Beispiel
Erzieher-/in und Kind/Kinder lösen Probleme dialogisch (mindestens vier Turns). Erzieher/-in und Kind/Kinder tauschen sich aus, stellen gemeinsam Fragen, suchen gemeinsam nach Antworten und ergänzen sich gegenseitig.	A: „Wie hast du das gemeint?" B: „Ich glaub, wir sollten die Röhren einfach zusammenstecken." A: „Warum läuft das Wasser hier wieder raus?" B: „Das weiß ich jetzt auch nicht, wie das kommt." A: „Was meinst du?" B: „Vielleicht haben wir die Röhre nicht richtig zusammengesteckt?" A: „Schau mal, ich glaub hier ist ein Loch?" B: „Stimmt."
Erzieher/-in und Kind/Kinder erfinden Geschichten (mindestens vier Turns). Erzieher/-in und Kind/Kinder tauschen sich aus, stellen gemeinsam Fragen, suchen gemeinsam nach Antworten und ergänzen sich gegenseitig.	A: „Und wir würden auf dem Dach sitzen?" B: „Ja – und dann würden wir etwas runterwerfen." A: „Ganz zufällig würde der Apfel von unserem Picknick in das Loch fallen." B: „Und dann würde es, plumps, reinfallen." A: „Wo reinfallen?" B: „Mitten in den Suppenteller, dass es spritzt." A: „Und was machen wir, wenn die Frau auf den Tisch steigt und zu uns hochsteigen will." B: „Dann machen wir einen Zaun."

5.5.3 Abschluss

Abschluss

Gibt es ein Ende bei den Interaktionsphasen?

Meistens werden die dichten Interaktionsphasen, wie in dem oben erwähnten Beispiel, durch die Klärung des Problems bzw. durch ein wechselseitiges Einverständnis beendet:

- *„Stimmt."*
- *„Ja."*

Wird von einer didaktischen Interaktionssituation ausgegangen, welche eine intensive Beschäftigung mit einem „gemeinsamen Gegenstand" zum Ziel hatte, muss auch daran gedacht werden, wie solche Interaktionsphasen beendet werden können. Unbefriedigend sind nach längeren Interaktionsphasen spontane Endpunkte, die meist durch das verlorene Interesse bekundet werden, wie zum Beispiel:

- *„Ich hab jetzt keine Lust mehr."*
- *„Ich geh jetzt auf den Bauteppich."*

Ein bewusst gestalteter Abschluss dient dazu, Erfahrungen zu intensivieren. Dadurch wird eine Reflexion bzw. ein Nachdenken über die Aktivität angeregt, und es gelingt eine größere Verbundenheit mit der Aktivität bzw. den Projekten. Auf diese Weise bereichern die Erfahrungen nicht nur kurzzeitig den Kindergartenalltag, sondern tragen langfristig zu einer Bereicherung des Lebens in der Lerngemeinschaft bei, wenn etwa die Ergebnisse im Stuhlkreis den anderen Kindern gezeigt werden oder durch eine geplante Ausstellung auch den Eltern, Geschwistern und Freunden präsentiert werden. Projekte sollen sich nicht nur durch einzelne Aktionen auszeichnen, die sich unter einem Themenfeld zusammenfassen lassen:

Beispiel:
Projekt: *Das Leben am Teich*
Mögliche Aktivitäten: *Falten von Fröschen, zeichnen einer Unterwasserwelt, Spaziergang zum Schlossgartenteich usw.*

Die Herausforderung der Projektarbeit liegt darin, das Projektthema gemeinsam zu erkunden und die Auseinandersetzungen mit Fröschen und deren Lebenswelt schrittweise zu erfassen. Einzelne Aktivitäten, wie zum Beispiel ein Spaziergang zum Schlossgartenteich, können dann als Anlass genommen werden, die unterschiedlichen Interessen oder Erfahrungen zu sammeln und mit den Kindern gemeinsam zu überlegen, womit sich einzelne Gruppen weiter auseinandersetzen wollen. Die Abschlussphase dient folglich auch dazu, neue Erfahrungen als Ausgangspunkt für weitere Auseinandersetzungen zu nutzen. So können Lerngemeinschaften aufgebaut werden, in denen die Projektarbeit den Alltag erfüllt und Aktionen nicht bloß Zwischenräume neben der Freispielzeit beleben.

Möglichkeiten:	Beispiel:
Gemeinsames Überlegen, was gemacht wurde (→ Gedächtnisübung, Erinnerung, Intensivierung)	„Wer kann noch mal erklären, was jetzt passiert ist?" „Was haben wir denn als Erstes in die Erde gelegt? Wer weiß noch, warum?"
Eine kurze Zusammenfassung, worum es ging (→ Erinnerung)	„Paula, erzählst du den Kindern, wie wir das gemacht haben?" „Der Paul zeigt uns heute seine Ritterburg – die ist jetzt nämlich endlich fertig und dann nimmt er sie mit nach Hause."
Überlegung dazu, was mit dem Projekt geschehen soll.	„Meint ihr, wir können das Zelt jetzt in den Garten stellen?" „Wer sucht einen guten Platz, wo die Blätter trocknen können?"

IN KÜRZE

In diesem Abschnitt ging es darum, sich differenziert mit dem Aufbau und der Gestaltung von Interaktionsprozessen zu befassen. Dabei bieten der „Dreischritt in der Didaktik" (siehe S. 53) mit Einstieg, Arbeitsphase und Abschluss sowie das „didaktische Dreieck" (siehe S. 55) wichtige Orientierungen zum Aufbau von Interaktionsprozessen. Die Kopplung von theoretischen Modellen aus der Didaktik und die Ergänzung durch die differenzierten Möglichkeiten zur Gestaltung der Interaktionsprozesse auf der Basis von Forschungsbefunden führt dazu, dass Bildungs- und Lernprozesse der Kinder effektiv unterstützt werden können.

5.6 Was genau wird unter Projektarbeit verstanden?

Um Kindern unterschiedliche Lernanlässe zur Verfügung zu stellen, wird für die vorschulischen Einrichtungen die „Projektarbeit" bzw. „Projektmethode" empfohlen. Die „Projektarbeit" gilt als eine von vielen didaktischen Methoden wie zum Beispiel Freispiel, Stuhlkreis oder Portfolio-Arbeit. In der Schulpädagogik zählen zu den klassischen didaktischen Methoden der Frontalunterricht, die Einzelarbeit, Gruppenarbeit oder auch der fragend-entwickelnde Unterricht u. v. a. Die Projektmethode kann als Rahmen für die konkrete didaktische Umsetzung gelten. Sie gilt als reformpädagogisches Konzept und hat sich im schulischen Lernraum im Kontrast zum klassischen Unterricht entwickelt.

Projektmethode

Mit der Projektarbeit sollen die lebensweltlichen Interessen der Kinder einen größeren Einfluss auf das schulische Lernen bekommen. In der Projektarbeit sind die Themenstellungen offen gehalten und werden die Lernziele von den Lernenden selbst erarbeitet. Die Kinder haben bei der Projektmethode großen Freiraum zur Verfügung und die Verantwortung, diesen für sich zu nutzen. Bei der Projektarbeit können sich die einzelnen Kinder unter einer Fragestellung mit ganz unterschiedlichen Interessengebieten auseinandersetzen. Damit die Projektarbeit in Gang kommt und die Umsetzung ihrer Ideen gelingt, brauchen die Kinder die Unterstützung der Pädagogen/-innen. Dazu gehört die gemeinsame Projektplanung und -begleitung. Neben den Rahmenbedingungen gilt es auch, die Kinder, wenn nötig zu den Projekten zurückzuführen, und Anlässe zu schaffen, diese weiterzuentwickeln. Grob lässt sich die Projektarbeit in folgende Phasen einteilen:

5.6.1 Planen eines Projekts

Zielsetzung formulieren

- Was interessiert mich?

Paul: „Ich möchte eine Ritterburg bauen."
Erzieherin: „Das ist eine tolle Idee? Wie kommst du darauf?"
Paul: „Wir waren am Wochenende auf der Burg Falkenstein. Das ist wie eine kleine Stadt."

- Formulieren einer konkreten Aufgabenstellung

Erzieherin: „Wie soll das denn aussehen, deine Burg? Hast du dazu eine Idee?
Paul: „Ich will die Burg für meine kleinen Ritter."

Projekt planen

- Wie kann das umgesetzt werden?

Erzieherin: „Aus was willst du denn die Burg bauen?"
Paul: „Bei den Schachteln habe ich schon zwei Türme gefunden."
Erzieherin: „Lass uns mal gucken, ob da noch mehr dabei ist, was du für die Burg gebrauchen kannst."

- Projektskizze erstellen

Erzieherin: „Mal doch erst einen Plan, wie die Burg ungefähr aussehen soll, und dann können wir die Schachteln für die einzelnen Teile auswählen."

- Was brauchen wir dazu?

Erzieherin: „Was brauchst du außer den Schachteln?"
Paul: „Schere, Klebstoff, Schnur, die Wasserfarben ..."

- Kann das allein verwirklicht werden, oder brauchen wir Unterstützung durch andere Kinder?

Erzieherin: „Machst du das allein, oder sollen wir noch die Lea fragen, ob sie Lust hat zu helfen?"
Paul: „Nein – ich mach das jetzt erst allein."

- Wo kann das Projekt verwirklicht werden?

Erzieherin: „Jetzt müssen wir uns einen guten Platz überlegen, wo du ungestört arbeiten kannst."

- Was machen wir, wenn eine Pause in der Projektphase eingelegt wird?

Paul: „Ich würde es hier auf der Fensterbank machen, da kann es auch stehen bleiben fürs Trocknen."
Erzieherin: „Das ist eine gute Idee. Da bist du gleich bei der Schachtelkiste."

Ausführung

- Beschaffung der Materialien

Paul: „Ich such mal noch in der Abstellkammer nach einigen Sachen in unserer Sammelsuriumkiste."

- Umsetzung

Erzieherin: „Mit welchem Teil der Burg willst du denn nun beginnen." (Beide betrachten zusammen den Plan, den Paul gemalt hat.)
Paul: „Erst mach ich die Türme." (Paul zeigt auf seinen Plan.)
Erzieherin: „Dann such doch mal noch zwei Schachteln aus, die du als Türme verwenden kannst. Dann schau ich solange, ob ich noch einen großen Karton finde, auf dem du die Burg aufbauen kannst."

- Arbeitspausen

Paul: „Ich arbeite morgen weiter."
Erzieherin: „Räumst du dann alle Materialien wieder auf?"
Paul: „Aber die Burg kann ich da stehen lassen?"
Erzieherin: „Ja."

- Weiterarbeit

Erzieherin: „Wolltest du nicht an der Burg weitermachen?"
Paul: „Guck mal – was ich da gemacht habe. Da soll eine Zugbrücke sein."
Erzieherin: „Zum Auf- und Zuziehen, super, das funktioniert sehr gut."
Paul: „Das hat mir der Ole gezeigt."
Erzieherin: „Wie machst du denn jetzt weiter?"

- Zwischenbericht

Erzieherin: „Paul, jetzt zeig mir mal, wie weit du bist."
Paul: ...
Erzieherin: „Fehlt denn noch was?"

- Kritische Prüfung

Erzieherin: „Ist das jetzt so, wie du dir das vorgestellt hast?"
Paul: „Da fehlen noch so Ecken."
Erzieherin: „Was meinst du? Wo sollen die Ecken sein?"
Paul: „Hier auf dem Turm, da waren noch so Ecken." (Paul malt in die Luft.)
ErzieherIn: „Ach – Zinnen – sagt man zu den Ecken. Wie könntest du die denn machen?"

Einschätzung des Projekts

- Wurden die angestrebten Ziele erreicht?

Erzieherin: „Was machst du mit der Burg zu Hause."
Paul: „Die kommt auf den Dachboden bei Oma und Opa – da können wir mit den Rittern spielen."

- Was gilt als gelungen?

Paul: „Schau mal – hier ist der Brunnen im Burghof, und da hab ich noch einen kleinen Eimer. Damit können die Ritter Wasser aus dem Brunnen holen und an dem Faden hochziehen."
Erzieherin: „Das finde ich ja klasse – wie hast du denn den kleinen Eimer gemacht?"

- Vorstellung des Projekts in der Lerngemeinschaft

Erzieherin: „Weißt du was, du könntest die Burg doch nachher auch im Stuhlkreis vorstellen, damit die anderen Kinder auch sehen, was für tolle Ideen du da verwirklicht hast."
Paul: „Hmm ... gut."

Projektarbeit heißt, dass nicht die Erzieher/-innen einen Plan für die Projekte vorgeben, sondern die Kinder ihre eigenen Ideen versuchen mit der Unterstützung der Erzieher/-innen zu verwirklichen. Dabei ist es wichtig, den Zeitfaktor im Blick zu haben. An Projekten kann auch im Kindergarten über mehrere Wochen gearbeitet werden, dadurch gelingt es, viele Ideen einzubeziehen und sehr differenziert daran zu arbeiten. Aufgabe der Erzieher/-innen ist es, an die Projekte zu erinnern und den Arbeitsprozess durch ihre Unterstützung aufrechtzuerhalten. Diese Projekte werden dann auch Teil der familiären Gespräche, sodass der Zwischenstand von den Eltern betrachtet wird, Ideen von Geschwistern einbezogen werden und so eine große Lerngemeinschaft entsteht. Auch die jüngeren Kinder in der Gruppe sehen, wie sich die einzelnen Arbeiten entwickeln, und die Kinder lernen untereinander beim Austausch von Ideen:

- *„Das hat mir der Ole gezeigt."*

Gerade die über Wochen ausgestalteten Ideen werden so auch Teil des Gruppenlebens, und nicht selten entsteht dann noch eine zweite Ritterburg. Vor allem aber entwickeln die Kinder hier viele Ideen zu einem Thema und beginnen auch aktiv mit der Informationssuche, z. B. über Lexika, noch mehr über Ritter in Erfahrung zu bringen. Die aktive Projektarbeit, die nicht hinter verschlossenen Türen stattfindet, trägt maßgeblich zur Qualität der Lernumwelt im Kindergarten bei. Damit Projekte nachhaltig werden, ist es auch wichtig, mit den Kindern zu besprechen, was aus den entstandenen Gegenständen werden soll. Wichtig ist es, dass im Kindergarten nicht bloß produziert wird, sondern mit den gestalteten Objekten tatsächlich ein Wert geschaffen wird:

- *„Ich will die Burg für meine kleinen Ritter."*

Dieser ergibt sich daraus, wenn Projektarbeit an die Lebenswelt anknüpft und, wie bei Paul, von vornherein klar ist, dass die Burg für seine kleinen Ritter gedacht ist. Er hat Ritter, aber noch keine Burg, und die bastelt er jetzt. Damit wird das Arbeiten an dem Objekt mit Sinn belegt, und das Fertigstellen ist an die Freude geknüpft, mit der Burg dann auch zu spielen:

- *„Die kommt auf den Dachboden bei Oma und Opa – da können wir mit den Rittern spielen."*

IN KÜRZE

Die Projektarbeit gilt als Möglichkeit, dass Kinder ihre Ideen selbst formulieren und beginnen, diese eigenständig umzusetzen. Die Aufgabe der Pädagogen/-innen liegt hier insbesondere in der Planung und der organisatorischen Durchführung. Wenn die Projekte sich über einen längeren Zeitraum erstrecken, ist es wichtig, die Motivation aufrechtzuerhalten und die Kindern dabei zu unterstützen, die Projekte auszugestalten und fertigzustellen. Lerngemeinschaften entstehen, wenn die Kinder gegenseitig ihre Ideen austauschen und so die eigenen Gedanken durch neue Ideen erweitert werden können.

6 Gestaltung intensiver Interaktionsphasen im Kindergartenalltag

6 Gestaltung intensiver Interaktionsphasen im Kindergartenalltag

6.1 Einblicke in die Kindergartenpraxis

Möglichkeiten, intensive Interaktionsphasen zu gestalten, die zu dialogisch-entwickelnden Denkprozessen führen können, werden durch folgende Interaktionsereignisse begünstigt:

- Problemlösungsprozesse,
- das gemeinsame Erfinden von Geschichten,
- den Austausch über unterschiedliche Vorstellungen, wie etwas wahrgenommen wurde oder wie etwas funktionieren könnte,
- durch das Absprechen von Aktivitäten oder das Planen von Projekten.

Diese Auseinandersetzungen sind geprägt durch „offene" Aushandlungsprozesse. Zu solchen Lerngelegenheiten kommt es immer dann, wenn ein Interesse daran besteht, wie die Kinder etwas denken oder was sie bewegt.

Wird von diesem Standpunkt ausgegangen, bieten sich unzählige Gelegenheiten, im Alltag nachzuspüren, welche Vorstellungen die Kinder über bestimmte Vorgänge und Prozesse haben. Dieses Interesse am Kind rückt in den Vordergrund, wenn wir nicht mehr an einem „Plan" festhalten, der im Voraus Abläufe und Prozesse bestimmt, sondern uns dafür öffnen, mit den Kindern gemeinsam zu überlegen, wie etwas am besten organisiert werden kann, welche Vorstellungen die einzelnen Kinder über bestimmte Vorgänge, das Leben oder Phänomene haben (beispielsweise in einem Gespräch zum Thema: „Wer bestimmt, wann wir leben?"). Diese Interaktionsmöglichkeiten eröffnen, bei entsprechender Gestaltung des Interaktionsprozesses, vielfältige Möglichkeiten für die Kinder, ihre eigenen Gedanken einzubringen und sich in der Lerngemeinschaft zu beteiligen. Für die Pädagogen/-innen besteht hier die Möglichkeit, an den Denkprozessen bzw. den Erfahrungen und dem Wissen der Kinder anzusetzen und diese mit Blick auf die „Zone der nächsten Entwicklung" herauszufordern, zu unterstützen bzw. einen dialogisch-entwickelnden Denkprozess aufzubauen. Diese gemeinsamen Austauschprozesse sensibilisieren uns für die Wahrnehmung der Kinder und eröffnen die Chance, das pädagogische Handeln darauf abzustimmen. Die „Offenheit" ist Ausgangspunkt dafür, das Kind als Akteur/-in seiner Entwicklung ernst zu nehmen; es ermöglicht uns Erwachsenen, kritisch und offen gegenüber Routinen, Phänomenen und Wissen zu bleiben, wenn wir gelernt haben, die Welt auch mit den Augen der Kinder zu sehen.

Im Folgenden wird durch unterschiedliche Beispiele Einblick gegeben in intensive Interaktionsphasen im Kindergarten. Dabei wird aufgezeigt, welche Lern- und Bildungsgelegenheiten sich für die Kinder in den jeweiligen Situationen eröffnen. Alle Sequenzen sind im Kindergarten beobachtet worden und wurden aus Videomitschnitten transkribiert. Dabei wurde der Originalton, d.h. die direkten Äußerungen der Kinder und der Erzieher/-innen übernommen. Die hier verschriftlichte Sprache folgt nicht immer den Regeln der deutschen Grammatik. Beim Sprechen werden häufig andere Stilmittel zur Strukturierung eingesetzt, als es bei der Schriftsprache der Fall ist. Die Aufnahmen sind sowohl im süddeutschen Raum als auch in Mitteldeutschland aufgenommen worden. Hier wurde die Sprache absichtlich nicht bereinigt, um deutlich zu machen, dass zwischen geschriebener Sprache und Sprechen ein Unterschied besteht. Das ist auch der Grund, weshalb es von so großer Bedeutung ist, Kinder bereits sehr früh in die komplexe Sprache von Büchern einzuführen und durch Bilderbücher, Vorlesesituationen u. v. a. m. die Kinder mit dieser Sprache vertraut zu machen.

6.2 Beispiel: Literacy – Bilderbuchbetrachtung

Kind-Erzieher/-in-Interaktion

Im Folgenden wird ein Einblick gegeben in eine Bilderbuchbetrachtung von „Wie Findus zu Pettersson kam" von Sven Nordquist (2002). Die hier beschriebene Aktivität wurde von einer Videoaufnahme verschriftlicht, die im Rahmen eines Forschungsprojekts zu den Interaktionsprozessen von Erzieher/-innen und Kindern aufgenommen wurde. Diese Aktivität wurde nicht geplant, sondern hat sich zufällig im Kindergartenalltag ergeben. Die Erzieherin und ein Kind der Gruppe sind hier intensiv in das Bilderbuch vertieft.

Auch im geschilderten Beispiel kann über das didaktische Dreieck (siehe S. 55) die Interaktionssituation gerahmt werden. Erzieherin und Kind stehen über den Dialog in Bezug zueinander. Der gemeinsame Gegenstand, über den sie sich austauschen, sind Text und Bilder im Buch. Im Gespräch knüpfen beide an die Lebenswelt des Kindes bzw. an Erfahrungen und Wissen an, welche das Kind bereits erworben hat (siehe Tabelle, S. 83, Spalte: Gemeinsamer Gegenstand).

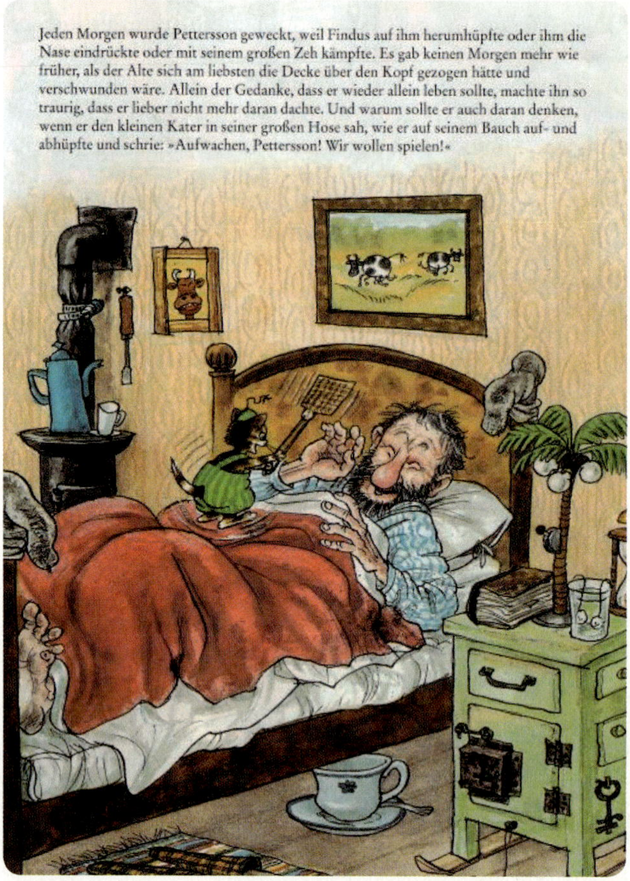

Lernwelt Kindergarten (Abbildung aus: Sven Nordquist: Wie Findus zu Pettersson kam © Verlag Friedrich Oetinger, Hamburg 2002)

Bevor die intensiven Auseinandersetzungen über die Bilder beginnen, können wir eine klassische Vorlesesituation beobachten. Die Erzieherin eröffnet die Interaktion mit folgendem Einwand:

- Erzieherin: (hebt den Kopf vom Text und sucht den Blickkontakt zum Kind)
- Erzieherin: *„Warum starrt er ihn an?"*

Die Erzieherin baut hier zunächst den Blickkontakt zum Kind auf, um die Situation zu Sequenzieren (→ vom Zuhören des Textes zur Frage). Damit wird die Aufmerksamkeit für einen gemeinsamen Interaktionsprozess vorbereitet. Mit der Frage stellt die Erzieherin sicher, ob das Kind auch den Sinn des Textes erfasst hat, was offensichtlich der Fall ist.

- Kind: *„Weil der heut' zum ersten Mal geredet hat."*

Fragen

In der Tabelle wird zunächst der Verlauf der Interaktion während der Bilderbuchbetrachtung beschrieben. Versuchen Sie beim Lesen des Interaktionsverlaufs folgende Fragen zu beantworten:

- Worüber wird der gemeinsame Austausch zwischen Erzieherin und Kind in erster Linie aufgebaut?
- Und wer motiviert hier zum gemeinsamen Austausch, das Kind oder die Erzieherin?

Beteiligte	Möglichkeiten/Anknüpfungspunkte/Gesprächsanlässe, um miteinander in einen Dialog zu treten	Gemeinsamer Gegenstand
Erzieherin	*(liest den Text vor)* Jeden Abend las er dem Kater Geschichten vor ... Eines Tages, als sie in einer Illustrierten blätterten, stellte Findus sich plötzlich mitten auf die Zeitschrift und betrachtete lange ein Bild von einem Clown, der eine große gestreifte Hose trug. „So eine Hose will ich auch haben", sagte Findus. Pettersson starrte ihn an. *(hebt den Kopf vom Text und sucht den Blickkontakt zum Kind)* „Warum starrt er ihn an?"	Text
Kind	„Weil der heut' zum ersten Mal geredet hat."	Text
Erzieherin	„Genau." *(liest den Text vor)* Das waren die ersten Worte, die der Kater gesprochen hatte. „Die kriegst du", sagte der Alte. „Ich näh dir sofort eine Hose." Und während er den Nähkasten hervorholte, lächelte er glücklich vor sich hin. Was für einen wunderbaren Kater er doch bekommen hatte! „Das kann man wohl sagen, ne?" „Hättest du auch gerne so einen Kater?"	Text Lebenswelt
Kind	„Mhm." *(blättert die Seite um)* „Nur, dass es da so witzig ist." *(zeigt auf das Bild)*	Lebenswelt Bild
Erzieherin	„Was ist das denn?"	Bild
Kind	„Ehm, ich glaub' das ist die Lampe."	Bild
Erzieherin	„Das ist ja cool. Das ist ja eine Palme."	Bild
Kind	„Ich glaub' eine Palme und das sind die Lampen. Und da ist der Schalter. Hat Findus[1], glaub' ich, erfunden."	Bild
Erzieherin	„Toll, ne? Der Brillenhalter ist auch gut, ne?"	Bild
Kind	„Was für ein Brillenhalter?"	Bild
Erzieherin	„Hier." *(zeigt auf das Bild)*	Bild
Kind	„Ja."	Bild
Erzieherin	„Das ist die Brille, hat er in ein Wasserglas gelegt."	Bild
Kind	„Mhm." *(zeigt auf das Bild und schmunzelt)*	Bild
Erzieherin	„Pettersson ist eine Fliege. Pettersson bekommt jetzt einen mit der Fliegenklatsche von Findus übers Ohr gehauen. Guck mal, was der Pettersson für große Füße hat. Hast du auch so große Füße?"	Bild Lebenswelt

[1] *Vermutlich liegt hier eine Verwechslung der Namen vor. Richtg wäre vermutlich Pettersson statt Findus.*

[2] *Für die vollständige Verschriftlichung der Videosequenz danke ich Corinna Christine Kühn, die mit ihrer Bachelorarbeit an der TU Dortmund (SoSe 2008) für diese Beschreibung zentrale Impulse eingebracht hat.*

Beteiligte	Möglichkeiten/Anknüpfungspunkte/Gesprächsanlässe, um miteinander in einen Dialog zu treten	Gemeinsamer Gegenstand
Kind	„Nein. Die Schuhe, die sieht man da nur so."	Lebenswelt Bild
Erzieherin	„Guck mal, und die Füße von dem Nachtschränkchen. Was ist das denn?" *(sucht den Blickkontakt zum Kind)* „Das hier." *(zeigt auf das Bild)* *(sucht den Blickkontakt zum Kind)*	Bild
Kind	„Mhm. Skier."	Bild
Erzieherin	„Skier. Genau." (schmunzelt)	Bild
Kind	„Kann man ja mit in' Urlaub nehmen."	Lebenswelt
Erzieherin	„Könnte man machen."	Lebenswelt
Kind	„Oder Schlittschuh fahren."	Lebenswelt
Erzieherin	„Skifahren. Mit Skiern kannst du nur Skifahren. Zum Schlittschuhlaufen brauchst du Schlittschuhe."	Lebenswelt
Kind	„Und das ist ja witzig, ne?"	Bild
Erzieherin	„Das ist witzig. Was ist das denn hier? Das sind Socken."	Bild
Kind	„Ja. Weißt du was? Das ist die Zeit, die Zeituhr, wie lange Pettersson schlafen muss, bestimmt."	Bild
Erzieherin	„Da schläft er aber nur kurz, das ist ja eine Sanduhr. So lange dauert das nicht, bis die durchgelaufen ist. Da oben ist eine Schelle daran, das soll ein Wecker sein. Da hat Pettersson ja vielleicht witzige Sachen."	Bild

Der Dialog zwischen Erzieherin und Kind wird hier insbesondere durch das Betrachten der Bilder ausgelöst (→ Spalte: Gemeinsamer Gegenstand). Die komplexe Gestaltung der Bilder ermöglicht es, mannigfaltige Dinge zu entdecken, und die Kuriositäten, die Pettersson bastelt, eröffnen vielfältige Möglichkeiten, sich darüber auszutauschen. So werden Gesprächsanlässe geboten, die die Erzieherin hier nutzt, um mit dem Kind in Kontakt zu kommen (→ *„Was ist das denn?"*)

Beteiligte	Möglichkeiten/Anknüpfungspunkte/Gesprächsanlässe, um miteinander in einen Dialog zu treten	Gemeinsamer Gegenstand
Erzieherin	„Was ist das denn?"	Bild
Kind	„Ehm, ich glaub' das ist die Lampe."	Bild
Erzieherin	„Das ist ja cool. Das ist ja eine Palme."	Bild
Kind	„Ich glaub' eine Palme und das sind die Lampen. Und da ist der Schalter. Hat Findus[1], glaub' ich, erfunden."	Bild

[1] *Vermutlich liegt hier eine Verwechslung der Namen vor. Richtg wäre vermutlich Pettersson statt Findus.*

Das Kind nimmt das Angebot zum Austausch an. Hier wird deutlich, welche Gelegenheiten den Kindern gegeben werden, sich komplex und kompetent zu äußern. Das Kind verdeutlich hier der Erzieherin, dass der Gegenstand zwar wie eine Palme aussieht, dennoch aber eine Lampe ist. Auch wird mit dem Hinweis: *„Hat Findus, glaub' ich, erfunden"* klar, dass das Kind Pettersson und Findus bereits kennt.

Durch den gemeinsamen Austausch lässt sich das komplexe Bild gut erkunden und die unterschiedlichsten Dinge wahrnehmen. Solch ein Austausch wird begleitet durch Abwarten und Zuhören, denn die vielen Details werden erst mit der Zeit ersichtlich (siehe Abbildung, S. 82). Im Austausch kann auch die Faszination über die Ideen geteilt und gemeinsam geschmunzelt werden. Solche Momente sind für den Aufbau einer Lerngemeinschaft äußerst fruchtbar, sie tragen zu einer entspannten und heiteren Atmosphäre bei.

Beteiligte	Möglichkeiten/Anknüpfungspunkte/Gesprächsanlässe, um miteinander in einen Dialog zu treten	Gemeinsamer Gegenstand
Erzieherin	„Der Brillenhalter ist auch gut, ne?"	Bild
Kind	„Was für ein Brillenhalter?"	Bild
Erzieherin	„Hier." *(zeigt auf das Bild)*	Bild
Kind	„Ja."	Bild
Erzieherin	„Das ist die Brille, hat er in ein Wasserglas gelegt."	Bild
Kind	„Mhm." *(zeigt auf das Bild und schmunzelt)*	Bild

Der Dialog wird dabei sowohl von dem Kind als auch von der Erzieherin vorangetrieben (siehe Tabelle, S. 86). Dies zeigt, dass hier Erzieherin und Kind bereits eine auf Gleichheit und Solidarität aufgebaute Interaktionsstruktur für ihre gemeinsame Aktivität entwickelt haben. Solche Prozesse sind nicht unmittelbar gegeben, sondern lassen auf eine Interaktionskultur in der Gruppe schließen, die dieses befördert hat.

Kindinitiiert	Erwachseneninitiiert
(blättert die Seite um) „Nur, dass es da so witzig ist." *(zeigt auf das Bild)*	„Warum starrt er ihn an?"
„Kann man ja mit in' Urlaub nehmen."	„Hättest du auch gerne so einen Kater?"
„Oder Schlittschuh fahren."	„Was ist das denn?"
„Und das ist ja witzig, ne?"	„Der Brillenhalter ist auch gut, ne?"
„Weißt du was? Das ist die Zeit, die Zeituhr, wie lange Pettersson schlafen muss, bestimmt."	„Hast du auch so große Füße?"
	„Guck mal, und die Füße von dem Nachtschränkchen. Was ist das denn?"
	„Was ist das denn hier?"

Frageformen

Bereits bei dem kurzen Einblick in die Bilderbuchbetrachtung zeigt sich, dass sich das Kind relativ häufig als Akteur/-in und Initiator/-in des Dialogs erweist. Im Bezug darauf, dass wir von einem Bildungs- und Lernverständnis ausgehen, welches das Kind als Akteur/-in seiner Entwicklung sieht, wird hier das Grundprinzip besonders deutlich. Denn die Aktivität wird hier wechselseitig vorangetrieben und nicht von der Erzieherin allein initiiert. Die Erzieherin versucht vor allem über unterschiedliche Frageformen das Kind zur Interaktion zu ermuntern, was ihr offensichtlich auch gelingt. In der folgenden Tabelle wird verdeutlicht, welche Interaktionsmöglichkeiten sie dem Kind eröffnet.

Erwachseneninitiiert	Frageformen
„Warum starrt er ihn an?"	Verständnisfrage zum Text (gemeinsamer Gegenstand) → geschlossene Frageform, wenig Antwortalternative
„Hättest du auch gerne so einen Kater?"	Anknüpfen an die Lebenswelt bzw. an eventuelle Interessen des Kindes → geschlossene Frage, geringe Antwortalternative: Ja/Nein
„Was ist das denn?"	Lenken der Aufmerksamkeit auf das Bild (gemeinsamer Gegenstand) → offene Frage
„Der Brillenhalter ist auch gut, ne?"	Lenken der Aufmerksamkeit auf das Bild (gemeinsamer Gegenstand) → geschlossene Frage, geringe Antwortalternative: Ja/Nein
„Hast du auch so große Füße?"	Anknüpfen an die Lebenswelt → geschlossene Frage, geringe Antwortalternative: Ja/Nein
„Guck mal, und die Füße von dem Nachtschränkchen. Was ist das denn?"	Lenken der Aufmerksamkeit auf das Bild → offene Frage
„Was ist das denn hier?"	Lenken der Aufmerksamkeit auf das Bild (gemeinsamer Gegenstand) → offene Frage

Bestätigungen

Der Dialog ist geprägt von Bestätigungen seitens der Erzieherin:

- *„Genau."*
- *„Könnte man machen."*
- *„Das ist ja cool."*

Bestätigungen dienen als Feedback und signalisieren das Interesse der Beteiligten am Dialog bzw. das Involvement der Erzieherin, das durch Abwarten und Zuhören geprägt ist. Die Aufmerksamkeit der Erzieherin im Dialog zeigt sich auch durch die Intervention, als das Kind das Skifahren mit dem Schlittschuhlaufen verwechselt.

Kind	„Oder Schlittschuh fahren."
Erzieherin	„Skifahren. Mit Skieren kannst du nur Skifahren. Zum Schlittschuhlaufen brauchst du Schlittschuhe."

IMPULS

Wählen Sie sich ein Bilderbuch aus, welches über eine ähnlich komplexe Bildstruktur verfügt wie die Bilder von Pettersson und Findus. Schauen Sie sich das Bilderbuch im Vorfeld an und machen Sie sich Gedanken darüber, was es alles zu entdecken gibt. Versuchen Sie bewusst, das Bilderbuch mit den Kindern gemeinsam über die Bilder zu erzählen (auch wenn die Erzählstruktur dann vom Text abweicht) und über die Bilder ins Gespräch zu kommen. Das kann eine gute Gelegenheit sein, sich darin zu üben, eigene Geschichten zu erfinden, über Bilder zu philosophieren und Entdeckungen auf den Bildern zu teilen oder sich gegenseitig zu erklären. Beachten Sie dabei, dass Sie die Erzählungen nicht dominieren, sondern nutzen Sie die Gelegenheit, um mehr über die Gedanken der Kinder zu erfahren.

6.3 Beispiel: Numberacy – Literacy

Kind-Kind-Interaktion

Vier Kinder (zwischen 5 und 6 Jahren) sind am Maltisch beschäftigt. Dabei geht es darum zu erraten, welche Buchstaben oder Zahlen der andere schreibt. Die Sequenz ist ein Mitschnitt aus dem Kontext einer komplexen Beobachtungsstudie zu Selbstbildungsprozessen von Kindern im Kindergarten.

Marcus:	„Du hast es erraten nämlich. Darf ich bei deinem Geburtstag mitmachen?"
Johannes:	„Ja. Jetzt muss du das aber erraten. Was ist das für ein Buchstabe? Weißt du den?"
Marcus:	„Ja. Ich glaube – so." *(malt den Querstrich vom H über die Längsstriche)*
Johannes:	„Du darfst dreimal raten."
Marcus:	„Dreimal?"
Johannes:	„Ja."
Marcus:	„Hmm. Acht."
Johannes:	„Acht ..."
Marcus:	„Des ist doch 'ne Zahl. Neun."
Johannes:	*(kurze Pause)* „Neun ist doch auch 'ne Zahl."
Marcus:	„Vier."
Johannes:	„Jetzt musst du mal raten. So was wie ‚E' oder ‚Be'."
Marcus:	„E."
Johannes:	*(unklares Verhalten)* „Soll ich's dir sagen?"
Philipp:	„Das ist ein Ef."
Johannes:	„Ja. Also hat der Marcus recht gehabt. Das heißt, dass du bei meinem Geburtstag dabei sein kannst!"

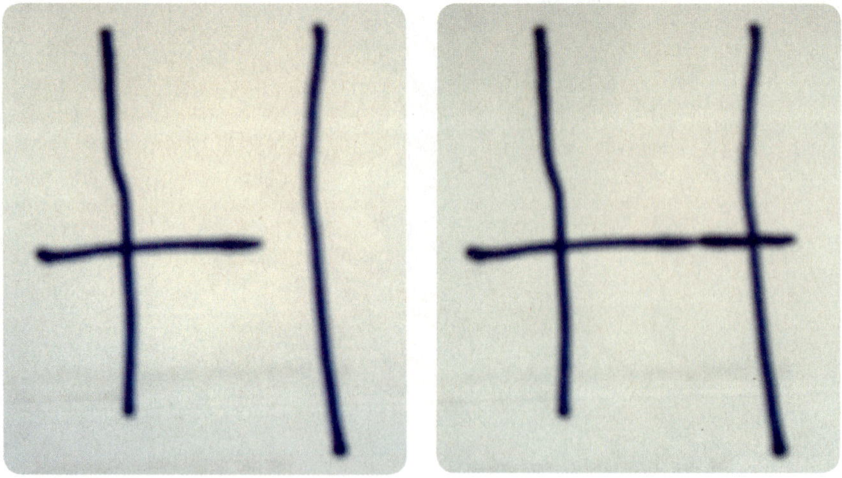

In dem kurzen Dialog treten die Kinder in einen wechselseitigen Austauschprozess. Noch ist nicht ganz klar, wie mit dem Symbolsystem Buchstaben und Zahlen agiert werden soll. Zwar sind den Kindern einige Buchstaben bekannt, insbesondere durch das Schreiben ihres eigenen Namens, da aber noch keiner der hier Anwesenden Lesen kann, fällt es noch schwer, die Buchstaben tatsächlich auseinanderzuhalten. Auch das Zahlensystem ist bereits vertraut, und sicherlich kann schon jeder der hier an der Diskussion Teilnehmenden im Zahlenraum bis 20 zählen. Jedoch kennen die Kinder insbesondere die Symbole für Zahlen auf dem Würfel, sodass das Umgehen mit den arabischen Ziffern mehr oder weniger einer Auseinandersetzung mit Buchstaben gleicht. Die Kinder lösen den Buchstaben/Zahlen-Konflikt hier selbst. Dass zum Schluss das „H“ zum „F“ wird, das ja immerhin ähnlich gezeichnet wird, ist in diesem Fall unwesentlich. Wichtig ist, dass die Kinder den Impuls aufgegriffen haben und selbst versucht haben, den Unterschied zwischen „Zahlen“ und „Buchstaben“ zu lösen.

IMPULS

Beobachten Sie im Kindergartenalltag, wo Kinder ganz spontan mit Mathematik und Schrift experimentieren. Verschriftlichen Sie diese Beobachtungen, und versuchen Sie die Beobachtungen unterschiedlichen Themen zuzuordnen. Stehen bei den Auseinandersetzungen eher Prozesse des Lesens und Rechnens im Mittelpunkt, oder werden Buchstaben und Zahlen eher als Symbolsysteme genutzt? Überlegen Sie sich, wie Sie an diese Auseinandersetzungen anknüpfen können, um Kinder in ihren Lern- und Bildungsprozessen bewusst herauszufordern und zu unterstützen. Beobachten Sie auch, welche Kinder sich viel mit Buchstaben und Zahlen beschäftigen und welche sich nicht für die Auseinandersetzung interessieren. Überlegen Sie, wie Sie die Lernumwelt im Kindergarten verändern können, um auch diesen Kindern Anreize zur Auseinandersetzung zu bieten. Lassen Sie sich dabei von den Ideen der anderen Kinder leiten.

6.4 Beispiel: Regelspiel – Erklärung

Kind-Erzieher/-in-Interaktion

Auch die hier beschriebene Aktivität ist transkribiert von einer Videoaufnahme, die im Rahmen eines Forschungsprojekts zu den Interaktionsprozessen von Erzieher/-innen und Kindern aufgenommen wurde. Diese Aktivität wurde nicht geplant, sondern hat sich zufällig im Kindergartenalltag ergeben. Dabei zeigt sich, dass wir uns nicht immer in grammatikalisch vollständigen Sätzen äußern. Insbesondere bei spontanen Erklärungsprozessen werden durch die Aneinanderreihung verschiedener Erklärungsansätze die grammatikalischen Regeln beim Sprechen vernachlässigt. Dadurch wird aber auch eine sprachliche Markierung deutlich, die einen Spannungsbogen von einem zum nächsten Erklärungsansatz eröffnet. Dies muss nicht immer so geschehen. Wichtig ist es, sich klarzumachen, dass der schriftliche Sprachgebrauch vom mündlichen Sprechen im Interaktionsbezug abweicht.

Zum besseren Verständnis wird hier beispielhaft ein Teil der Sequenz vorangestellt. Damit soll verdeutlicht werden, worin die Qualität der Interaktion besteht. Die Erzieherin erklärt hier den Begriff „Labyrinth". Zu beachten ist, dass die Erzieherin Deutsch als Zweitsprache spricht – vielleicht fällt es ihr deshalb relativ leicht, dem Kind vielfältige „Wege" zu dem Begriff zu eröffnen.

Labyrinth

- *Erzieherin: „Ein **Labyrinth** da sind ja so hier – ein **Irrgarten**. Da kann man so spazieren gehen und kommt in eine **Sackgasse** ..., dann muss man an einen **anderen Weg gehen** und dann ist er **auch wieder zugesperrt**. Wenn wir es aufgebaut haben, **dann können wir auch sehen**, was ein Labyrinth ist."*

Für den Begriff *„Labyrinth"* wird hier das deutsche Synonym eingeführt *„Irrgarten"*. Damit eröffnet die Erzieherin dem Kind die Assoziation von Garten – spazieren gehen. Sie markiert aber auch mit den Begriffen *„Sackgasse"* und *„anderen Weg gehen"* sowie *„wieder zugesperrt"*, dass das kein leichtes Unterfangen ist. Denn der richtige Weg muss erst gefunden werden. Mit dem Hinweis, *„wenn wir es aufgebaut haben, dann können wir auch sehen, was ein Labyrinth ist"*, wird eine dritte Ebene eingeführt: neben Synonym und Beschreibung des Handelns der Hinweis auf die visuelle – bildliche – Darstellung.

Im Folgenden wollen wir uns die Aktivität als Ganzes näher betrachten. Erzieherin und Kind sind dabei, das Spiel „Das verrückte Labyrinth" aufzubauen. Während dieser Phase versucht die Erzieherin herauszufinden, wie gut das Kind das Spiel bereits kennt. In der Szene lässt sich gut beobachten, wie die Erzieherin das Kind unterstützt und versucht, Wissen über Erklärungen zu erweitern.

- *Erzieherin: „Also – jetzt müssen wir mal die Wege machen."*
- *Erzieherin: „Ah – du hast ja dieses Spiel noch nie gespielt, stimmt es?"*
- *Erzieherin (wartet ab)*
- *Erzieherin: „Ich zeig dir dann, wie es geht."*

Mit der Handlungsanweisung *„Also – jetzt müssen wir mal die Wege machen"* wird die Interaktion begonnen. Damit wird ein erster Handlungsbezug geschaffen, der zunächst nonverbal ansetzt. Erst danach folgt die Frage, um zu Erkunden, ob das Kind das Spiel bereits kennt (*„Ah – du hast ja dieses Spiel noch nie gespielt, stimmt es?"*). Auch hier wählt die Erzieherin eine Frageform, die mit „Ja" oder „Nein" relativ leicht zu beantworten ist. Wird hier berücksichtigt, dass auch das Kind Deutsch als Zweitsprache lernt, dann wird hier deutlich, mit welcher Intension die Erzieherin die Handlung strukturiert. Zunächst geht es darum, eine gemeinsame Interaktion aufzubauen und über einfache Frageformen sicherzustellen, dass keine Missverständnisse vorliegen. Nachdem die Frage gestellt wurde, wartet die Erzieherin zunächst ab und gibt dem Kind damit genügend Zeit, die Frage zu überdenken und darauf zu antworten. Erst nachdem das Kind geantwortet hat, gibt die Erzieherin das Feedback (*„Ich zeig dir dann, wie es geht“*). Damit eröffnet sie die Gelegenheit für eine Erklärung.

Im Folgenden versucht die Erzieherin insbesondere mit dem Verweis auf den Gegenstand – *„Guck mal“* – dem Kind immer wieder visuelle Anknüpfungspunkte zu bieten, um dem Erklärungsprozess zu folgen. Der Erzieherin gelingt eine Strukturierung, indem sie komplexere Erklärungsmuster einbindet.

- *Erzieherin: „Guck mal – hier sind solche kleinen Karten.“*
- *Erzieherin: „... und da sind ja immer so Wege drauf und da musst du zwischen diesen, die fest angeklebt sind – so da ist ja auch so ein Weg.“*
- *Erzieherin: „Weißt du was ein Labyrinth ist?“*
- *Erzieherin: „Ein Labyrinth?“*
- *Erzieherin: „Da muss man es noch mal erzählen, was ein Labyrinth ist. Das ist ja auch ein Bild drauf.“*
- *Erzieherin: „Ein Labyrinth da sind ja so hier – ein Irrgarten. Da kann man so spazieren gehen und kommt in eine Sackgasse ..., dann muss man an einen anderen Weg gehen und dann ist er auch wieder zugesperrt. Wenn wir es aufgebaut haben, dann können wir auch sehen, was ein Labyrinth ist.“*

Mit der zweifachen Nachfrage – *„Weißt du was ein Labyrinth ist?“* – wird wieder sichergestellt, ob das Kind den Begriff bereits kennt. Erst danach beginnt die Erzieherin mit der komplexen Erklärung des Begriffs auf drei verschiedene Weisen. Mit dem Verweis auf „Irrgarten“ wird der deutsche Begriff eingeführt, danach versucht sie über einen Handlungsansatz den Begriff erfahrbar zu machen: *„Da kann man so spazieren gehen und kommt in eine Sackgasse ..., dann muss man an einen anderen Weg gehen und dann ist er auch wieder zugesperrt.“* Schließlich wird der Hinweis gegeben, dass, sobald das Spiel aufgebaut wird, das Kind auch sehen kann, was ein Labyrinth ist.

In der auf der nächsten Seite angeführten Tabelle wird der gesamte Interaktionsverlauf aufgezeichnet. Dabei zeigt sich deutlich, wie die Erzieherin den Erklärungsprozess strukturiert. Mit *„Guck mal“* versucht sie, die Aufmerksamkeit des Kindes wieder auf den gemeinsamen Gegenstand zu richten. Dazwischen beschreibt sie über die verbale Erklärung das Handeln, bevor mit dem Spiel begonnen wird. Der Erzieherin gelingt es dadurch bereits beim Spielaufbau, die Kinder nicht nur in einen Handlungsprozess einzubeziehen, sondern bereits für den Spielcharakter zu sensibilisieren. Schrittweise wird hier das Kind in die Komplexität des Spiels eingeführt. Dabei ist es nicht erforderlich, dass das Kind jede Einzelheit direkt versteht, jedoch bietet eine solche Einführung die Möglichkeit, sich im Spielprozess daran zu erinnern und sich über diese Anknüpfungspunkte allmählich der komplexen Spielidee zu nähern. Die Tabelle verdeutlich, welche Möglichkeiten dem Kind durch die Interaktionsformen der Erzieherin geboten werden.

Interaktionsformen	Erzieherin	Welche Interaktionsmöglichkeiten werden eröffnet?
Handlungs-anweisung	*„Also – jetzt müssen wir mal die Wege machen."*	Die Ausgangssituation des Spiels wird geklärt. Das Kind kann an den gemeinsamen Gegenstand anknüpfen – auch nonverbal – oder sich abwenden.
Frage zur Verständnissicherung: Ja/Nein – nur wenig Antwortalternativen, geschlossene Frage	*„Ah – du hast ja dieses Spiel noch nie gespielt, stimmt es?"*	Die Erzieherin versichert sich, dass das Kind das Spiel noch nicht kennt *„Stimmt es?"* Das Kind kann bestätigen oder verneinen.
Feedback	*„Ich zeig dir dann, wie es geht."*	Das Kind bekommt das Angebot einer Erklärung.
Verweis auf den Gegenstand	*„Guck mal – hier sind solche kleinen Karten."*	Die Aufmerksamkeit kann auf den gemeinsamen Gegenstand gerichtet werden.
Erklärung	*„… und da sind ja immer so Wege drauf und da musst du zwischen diesen, die fest angeklebt sind – so da ist ja auch so ein Weg."*	Möglichkeit, mit eigenen Erfahrungen daran anzuknüpfen
Frage zur Verständnissicherung: Ja/Nein – nur wenig Antwortalternativen, geschlossene Frage	*„Weißt du was ein Labyrinth?"*	Hier fehlt die Kopula *„ist"*. Das Labyrinth wird als Schlüsselwort benannt, allerdings in Form einer Frage – das Kind erhält die Möglichkeit, selbst den Begriff zu erklären.
Nachspüren/ Abwarten	*„Ein Labyrinth?"*	Die Frage wird in elliptischer Form wiederholt – das Kind wird hier erneut eingeladen, sich zu äußern.
Erklärung	*„Da muss man es noch mal erzählen, was ein Labyrinth ist. Das ist ja auch ein Bild drauf." (Die Erzieherin verweist auf den Deckel der Spieleschachtel)*	Möglichkeit wird eröffnet, die eigene Erfahrung zu erweitern Anknüpfungspunkt Bild kann den Verständnisprozess unterstützen.
Komplexer Sachverhalt	*„Ein Labyrinth da sind ja so hier – ein Irrgarten. Da kann man so spazieren gehen und kommt in eine Sackgasse ..., dann muss man an einen anderen Weg gehen und dann ist er auch wieder zugesperrt. Wenn wir es aufgebaut haben, dann können wir auch sehen, was ein Labyrinth ist."*	Mit diesen Hinweis wird die folgende Erklärung des Begriffs „Labyrinth" eingeleitet – eine Möglichkeit, die sprachlichen Erläuterungen zu veranschaulichen. Mit „Irrgarten" wird ein Synonym für den zu erklärenden Begriff verwendet. Durch den hier eingeführten deutschen Ausdruck wird das Wortfeld (verirren – Garten) durchschaubar. Die Erklärung wird wieder abgeschlossen mit dem Verweis auf die Anschauung. Damit wird ein direkter Anknüpfungspunkt ermöglicht
Erklärung Definition	*„Da kannst du jetzt einfach so dazwischen diese Karten. Dass das alles voll ist."*	Das Kind bekommt eine konkrete Definition, wie es die Handlung, d. h., den Aufbau des Spiels fortführen soll.
Feedback	*„… ja – überall die Karten hinlegen."*	Bestätigung des Tuns
Erklärung Definition	*„Das ist ein bisschen zu schwer für den M. Das ist ein Spiel für Schulanfänger."*	Benennung der Zielgruppe
Feedback	*„Dann haben wir jetzt alle …"*	Bestätigung des Tuns
Verweis auf den Gegenstand	*„Schau mal …"*	Aufmerksamkeit Möglichkeit, das Interesse zu wecken durch die direkte Anknüpfung an das Anschauungsmaterial/ Demonstration des Spielmaterials

Interaktionsformen	Erzieherin	Welche Interaktionsmöglichkeiten werden eröffnet?
Erklärung Definition	*„… wenn du die so hinlegst, dann ist es eine Mauer dazwischen – und wenn du es so hinlegst, dann ist es ein Weg, da kann man hier durchgehen. So ist es eine Sackgasse."*	Wissenserweiterung
Verweis auf den Gegenstand	*„Aha – warte, die brauchen wir."*	Aufmerksamkeit Möglichkeit, das Interesse zu wecken durch die direkte Anknüpfung an das Anschauungsmaterial/ Demonstration des Spielmaterials
Erklärung Definition	*„Das ist eine Karte zum Schieben. Weil das ist nämlich ein Labyrinth."*	Wissenserweiterung
Verweis auf den Gegenstand	*„Guck mal."*	Aufmerksamkeit Möglichkeit,das Interesse zu wecken durch die direkte Anknüpfung an das Anschauungsmaterial/ Demonstration des Spielmaterials
Erklärung Definition Konstruktiver Hinweis	*„Wenn man so läuft zum Beispiel – ja so den Weg, dann kommst du an die Mauer. Das ist eine Sackgasse, da kannst du nicht durch. Dann musst du dir einen anderen Weg suchen."*	Anknüpfungsmöglichkeit Aufgreifen des konstruktiven Hinweises
Verweis auf den Gegenstand	*„Guck mal."*	Aufmerksamkeit Möglichkeit, das Interesse zu wecken durch die direkte Anknüpfung an das Anschauungsmaterial/ Demonstration des Spielmaterials
Erklärung Konstruktiver Hinweis	*„So zum Beispiel, hier kannst du auch nicht durch."*	Anknüpfungsmöglichkeit Aufgreifen des konstruktiven Hinweises
Verweis auf den Gegenstand	*„Guck."*	Anschaulicher Anknüpfungspunkt
Erklärung Definition	*„Hier kannst du nicht an dein Ziel kommen. So Wege – so verwirrte Wege heißen ja auch Labyrinth. Das heißt auch ‚Das verrückte Labyrinth'. Da – mit dieser Karte können wir auch die Wege verschieben."*	Wissenserweiterung
Verweis auf den Gegenstand	*„Schau mal. Da, wo überall diese Pfeile sind"*	Aufmerksamkeit Möglichkeit, das Interesse zu wecken durch die direkte Anknüpfung an das Anschauungsmaterial/ Demonstration des Spielmaterials
Verweis auf den Gegenstand Wiederholung Geschlossene Frage: Ja/Nein Alternative	*„Siehst du so orangenen Pfeile?"*	Aufmerksamkeit Möglichkeit, das Interesse zu wecken durch die direkte Anknüpfung an das Anschauungsmaterial/ Demonstration des Spielmaterials
Erklärung Konstruktiver Hinweis	*„Da kann man immer so diese Karte einsetzen. Und so –"*	Anknüpfungsmöglichkeit Aufgreifen des konstruktiven Hinweises
Verweis auf den Gegenstand	*„Schau mal. Was passiert, wenn ich diese Karte schiebe, schau mal, was passiert mit allen Karten …"*	Möglichkeit, das Interesse zu wecken durch die direkte Anknüpfung an das Anschauungsmaterial/ Demonstration des Spielmaterials

Die Erklärungen der Erzieherin gehen so weit, auch das Wortspiel „verrücktes Labyrinth“ dem Kind zu verdeutlichen.

- *Erzieherin: „So Wege – so verwirrte Wege heißen ja auch Labyrinth. Das heißt auch ‚Das verrückte Labyrinth‘. Da – mit dieser Karte können wir auch die Wege verschieben.“*

Nachdem sie den Begriff „*Labyrinth*“ geklärt hat („*so verwirrte Wege heißen ja auch Labyrinth*“), knüpft sie an den Begriff „verrückt“ an („Irr-garten“, „verwirrt“). Die Erzieherin führt auch hier die Bedeutung über den Handlungsbezug „verrücken“ ein und demonstriert, wie sich die einzelnen Wege verrücken bzw. verschieben lassen.

Das Beispiel zeigt, wie Kindern durch Erklärungen unterschiedliche Erfahrungsfelder eröffnet werden, um mit ihrem Wissen daran anzuknüpfen.

IMPULS

Erklärungen eröffnen Kindern Einblicke in neue Erfahrungsräume. Erklärungsmuster gehören damit zu einem wichtigen Medium, um Lern- und Bildungsräume der Kinder zu moderieren. Beobachten Sie sich, wann Sie im Kindergartenalltag zu Erklärungen herausgefordert und welchen Einblick in neue Erfahrungsräume dabei Kindern eröffnet werden. Nutzen Sie dazu auch audiovisuelle Aufzeichnungen, und überprüfen Sie danach, wie gut es Ihnen gelungen ist:

- Die Erklärungen zu strukturieren
- Die Aufmerksamkeit der Kinder aufrechtzuerhalten und an den „gemeinsamen Gegenstand“ zu binden:
  - Welche Interaktionsformate haben Sie genutzt zur Verständnissicherung?
  - Welche Gelegenheiten wurden den Kindern geboten, sich am Erklärungsprozess zu beteiligen?

6.5 Beispiel: Gespräch – „Wer bestimmt, wann wir leben?“

Erzieher/-in-Kinder sowie Kind-Kind-Interaktion (offene Frage)

Die hier beschriebene Sequenz gibt einen Einblick in ein Gespräch zwischen Erzieherin und Kindern anhand des Bilderbuchs „Ist 7 viel?“ von Antje Damm. In dem Buch werden 44 „offene Fragen“ gestellt, u. a.:

- „Ist 7 viel?“
- „Was ist Glück?“
- „Tut alt werden weh?“
- „Plant der Maikäfer seinen Flug?“
- „Kann jeder etwas besonders gut?“
- „Wozu ist traurig sein gut?“

Antje Damm stellt jeder Frage zwei Bilder gegenüber (siehe Foto, S. 95). Die Bilder dienen als sensible Impulse, um mit den Kindern ins Gespräch zu kommen. Diese Fragen, die großteils philosophischen Charakter haben, sind auch für Erwachsene nicht einfach zu beantworten. Darin liegt die Chance, sich auf die Erklärungen der Kinder einzulassen. Im Folgenden wird aufgezeigt, wie die Erzieherin mit den Kindern einer der „offenen Fragen" nachzugehen versucht. Das Gespräch unter den Kindern zeigt, wie kompetent diese bereits im Vorschulalter mit „offenen Fragen" umgehen. Die „offenen Fragen" sollten hier nicht nacheinander abgearbeitet, sondern es sollte jeweils nur eine Frage in den Mittelpunkt gestellt werden. Methodisch kann das dadurch gelingen, dass die Erzieherin das Buch wie ein Daumenkino durchblättert und dann ein Kind „Stopp" ruft. So können die Fragen Gesprächsanlässe für viele Situationen liefern.

Offene Fragen

Zu den offenen Fragen hat sich ein Kind wie folgt geäußert:

- *„Darüber rede ich mit dir so gerne, weil du das auch nicht weißt."*

Diese Äußerung spiegelt wider, was mit „offenen Fragen" gemeint ist. In diesen Situationen ist es interessant zu erfahren, was die anderen denken, um sich darüber auszutauschen. Darin liegt ein hohes Potenzial für Lernanlässe, da die Beteiligten involviert sind (z. B. durch Formulierung ihrer Vorstellungen, Interesse an den Äußerungen des anderen) und dadurch eine hohe Bereitschaft besteht, Wissen zu erweitern bzw. bisherige Konzepte und Vorstellungen zu hinterfragen.

Wer bestimmt, wann wir leben?

Erzieherin:	„Wer bestimmt, wann wir leben?“
Lotta:	„Das sind alte Kinder.“
Erzieherin:	„Sind das alte Kinder?“
Loris:	„Die leben in einer anderen Zeit.“
Erzieherin:	„Wer bestimmt, wann wir leben: in der Eiszeit oder der Ritterzeit oder in unserer Zeit oder ...“
Loris:	„ ... oder der Steinzeit oder der Kriegszeit.“
Jan:	„Der Gott.“
Jakob:	„Unser Herz. Es hat dann keine Lust mehr zu schlagen, dann stirbt man.“
Peter:	„Gott war der allererster Mensch.“
Erzieherin:	„War Gott der allererste Mensch?“
Amei:	„Gott war unsichtbar und er bestimmt.“
Peter:	„Er ist wie ein Geist.“
Fabio:	„Gott ist alles und wie Luft.“
Lotta:	„Gott hat einen weißen Mantel an und eine silberne Schleife drumrum.“
Peter:	„Gott ist der Vater von Jesus.“
Fabio:	„Gott bringt den Baum zum Wachsen.“
Jakob:	„Ich spüre Gott, wenn wir Stille haben.“
Jan:	„Der Gott ist der Vater vom Jesus und kann keine Kraft sein – er lebt ... sonst kann er gar kein Vater sein.“
Peter:	„Wenn Gott fröhlich ist, dann kommt die Fröhlichkeit zu mir runter.“
Lotta:	„Die Erwachsenen bestimmen ... wenn sie kuscheln, dann kann es ein Kind geben.“
Peter:	„Kinder kommen aus dem Samen. Meine Mama hat zwei Samen, die Kinder geworden sind, in ihrem Bauch. Das war der Kai, und ich war auch ein Samen ...“

In der kurzen Sequenz greift die Erzieherin nur viermal in das Gespräch ein. Zu Beginn stellt sie die Ausgangsfrage: *„Wer bestimmt, wann wir leben?“* Hier zeigt sich im folgenden Gesprächsverlauf, dass sich die Kinder zunächst über das Bild orientieren. Über die Wiederholung und die damit verbundene Konkretisierung der Frage versucht die Erzieherin erneut, die Kinder zu einer differenzierten Auseinandersetzung zu führen (→ *„Wer bestimmt, wann wir leben: in der Eiszeit oder der Ritterzeit oder in unserer Zeit oder ...“*). Des Weiteren spürt die Erzieherin über das Wiederholen der Äußerungen der Kinder nach, was die Kinder damit gemeint haben können (→ *„Sind das alte Kinder?“, „War Gott der allererste Mensch?“*).

IMPULS

Versuchen Sie doch auch mal, mit Kindern über philosophische Fragen zu sprechen und sich darauf einzulassen, was die Kinder darüber denken: „warum traurig sein gut ist", „woher Gedanken kommen" oder „warum nicht alle reich sind".
Solche Auseinandersetzungen bieten eine gute Gelegenheit, sich im Gespräch zurückzunehmen und mit den Interaktionsformaten „Abwarten und Zuhören" sowie „Nachspüren durch das Wiederholen der Aussagen der Kinder" zu arbeiten. Nutzen Sie solche Gelegenheiten auch dazu, das Gespräch aufzuzeichnen. Dann kann leicht überprüft werden, wie gut es gelungen ist, sich zurückzuhalten und den Kinder den Freiraum zu geben, ihre Gedanken zu äußern.

6.6 Beispiel: Lern- und Bildungsgeschichte „Musik"

Auseinandersetzung mit der „Zauberflöte" von Wolfgang Amadeus Mozart

Im Kindergarten wird die „Zauberflöte" von Wolfgang Amadeus Mozart gelesen, gehört und auch im Rollenspiel nachgespielt. Die Erzieher/-innen stellen dafür während der Freispielzeit auch eine Flöte und ein Glockenspiel zur Verfügung. Im Folgenden wird eine Szene beschrieben, in deren Verlauf sich ein Kind im Freispiel intensiv weiter mit dem Thema auseinandersetzt (→ Flöte, Geschichten zur Musik) und daran seine eigenen Erfahrungen (→ Klavierstunde) anknüpft. Solche Möglichkeiten eröffnen vielfältige Lernprozesse, dabei wird Wissen verknüpft und in der Auseinandersetzung neue Erfahrungen dazugewonnen. Dieser Umgang mit „sich selbst, der Welt und den Anderen" wird auch als „Selbstbildung" beschrieben.

Paula, ein Kind aus der Gruppe, nimmt sich die Flöte und versucht damit zu spielen. Nach einiger Zeit hat Paula ein Gespür dafür, wie sie die Luft in die Flöte blasen muss, damit die Töne gut klingen. Aus dem anfänglichen Zischen entsteht ein Ton, der auch Paula zufriedenstellt. Nun beginnt sie, sich zu der von ihr gespielten „Musik" zu bewegen. Dabei verändert sie den Rhythmus. Nun holt sie sich ein Blatt und beginnt Noten aufzuschreiben. Die Noten werden nebeneinander gemalt. Dabei werden schon Achtel- (mit Querbalken), Viertel- (mit Querbalken) und halbe Notenwerte unterschieden. Nun nimmt Paula wieder die Flöte und beginnt die Notenwerte vom Blatt zu spielen. Jetzt geht Paula zu der Erzieherin.

Paula:	„Ich hab selbst geschrieben, was ich auf der Flöte spiel."
Erzieherin:	„Hast du zu Hause auch eine Flöte?"
Paula:	„Nein, ein Klavier – da hab ich ein ganzes Buch, aus dem ich in der Klavierstunde spiele. Jetzt mach ich ein eigenes Notenbuch."

Paula nimmt sich weitere Blätter aus dem Korb beim Maltisch und beginnt darauf Noten zu malen. Immer wieder spielt sie die Noten vom Blatt, um zu hören, wie das Gemalte klingt. Dann holt sie den Tacker und heftet die Blätter zusammen. Sie zeigt der Erzieherin ihr Notenbuch.

Paula:	„Soll ich dir was vorspielen aus meinem Buch?"

Paula nimmt die Flöte und beginnt konzentriert aus ihrem Notenbuch zu spielen und achtet darauf, die Notenwerte in der Länge zu treffen. Dann beginnt sie auf der Rückseite der Notenblätter zu malen und erklärt: „Das sind die Geschichten zur Musik."

IMPULS

Beobachten Sie die Kinder, wo diese ihre Lernerfahrungen aus anderen Bereichen, wie der Musikschule, dem Werken mit dem Großvater, dem Fußballverein usw., in den Kindergarten einbringen und wie diese Erfahrungen der Kinder mit den Lern- und Bildungsimpulsen im Kindergarten verbunden werden. Diese Beobachtungen zeigen uns, welch vielfältige Erfahrungsräume die Kinder bereits in jungen Jahren nutzen und wie wichtig es ist, diese Erfahrungen aufzugreifen und daran anzuknüpfen. Diese Vernetzungen führen zu einem komplexen Wissensaufbau.

6.7 Beispiel: Lern- und Bildungsgeschichte „Wasser"

Verwirklichung eigener Ideen

Folgendes Beispiel zeigt, dass der Kindergarten nicht nur ein Ort der Betreuung ist, sondern ein Ort für die Kinder sein kann, der ihnen vielfältige Möglichkeiten bietet, ihre Pläne zu verwirklichen, sodass die Kinder auch außerhalb der Einrichtung Ideen für die Zeit im Kindergarten entwickeln. Loris (5¾ Jahre) kam an diesem Morgen mit einem besonderen Vorhaben. Das Beispiel zeigt, wie sich Loris mit seiner Idee auseinandersetzt und was er dabei entdeckt. Loris kann hier seine Interessen verwirklichen, und die Erzieherin gibt Orientierung und Impulse für das Projekt.

Loris:	„Heut mach ich ein Zauberglas ... kann ich Wasser da reinfüllen?"
Erzieherin:	„Hol, was du brauchst."
Loris läuft in den Waschraum, füllt sein Röhrchen fast ganz voll mit Wasser. Nun sucht er Goldpapier und gibt alles in das Röhrchen.	
Loris:	„Das geht gar nicht runter ..."
Erzieherin:	„Das Röhrchen muss bis an den Rand gefüllt werden."
Loris nimmt eine Pipette aus der Kiste, um das Röhrchen bis zum Rand zu füllen.	
Loris:	„Immer noch passt etwas hinein ... noch ein Tropfen ... noch einer. Schau. Wie ein Berg ganz durchsichtig (→ experimentieren mit der Oberflächenspannung des Wassers) ... wie eine Überschwemmung auf dem Berg. Die Glitzer bleiben oben, die fallen nicht runter ... so ist doch kein Zauberglas."
Erzieherin:	„Du kannst es ja mal mit einem Tropfen Spülmittel, die grüne Flüssigkeit, probieren und schauen, was passiert."
Loris:	„Ja, siehst du, das ist grün und geht nach unten ... die Glitzer auch ... schnell zumachen."
Loris drückt schnell den Deckel auf das Röhrchen und sieht glücklich aus. Er spielt eine Zeit lang mit seinem Zauberröhrchen. Dann holt er sich einen Flaschendeckel und füllt mithilfe der Pipette den Deckel mit Wasser.	
Loris:	„Jetzt mach ich wieder einen Wasserberg."

IMPULS

Beobachten Sie die Kinder, und gehen Sie dem nach, was die einzelnen Kinder fasziniert. Dokumentieren Sie diese Beobachtungen, und versuchen Sie nachzuvollziehen, wie sich Kinder mit verschiedenen Phänomenen auseinandersetzen. Beschreiben Sie diese Auseinandersetzungen schrittweise, und versuchen Sie sich klar darüber zu werden, worin die Faszination für das Kind gelegen haben könnte.

Auch hier kann das Interesse durch das verbale Nachfragen und Nachspüren ergänzt werden, um sich mehr Klarheit zu verschaffen. Das aufmerksame Beobachten ist der erste Schritt, um sich den Erfahrungswelten der Kinder zu nähern und dann auch sensibel Lern- und Bildungsprozesse herauszufordern und zu unterstützen.

6.8 Weitere Beispiele: Videosequenzen

Weitere Beispiele finden sich als Videodokumentation auf der Homepage des Bildungsverlags EINS. Dazu müssen Sie sich mit dem folgenden Zugangscode einloggen: 848b60. So identifizieren Sie sich als Leser/-in und können direkt Einblick nehmen in weitere Interaktionsprozesse im Kindergarten.

Link: http://www.bildung-von-anfang-an.de/80025

7 Die Kamera als Mittel zur Reflexion

7 Die Kamera als Mittel zur Reflexion

Sich selbst bei der pädagogischen Arbeit zu filmen ermöglicht es, sich mehr Klarheit zu verschaffen, wie gut es gelingt, einem sozialkonstruktivistischen Bildungs- und Lernverständnis gerecht zu werden.

Wer sich an einem konstruktivistischen bzw. sozialkonstruktivistischen Bildungsverständnis orientiert, sieht die Interaktion als Schlüssel für den Lern- und Bildungsprozess der Lernenden. Mit dem didaktischen Dreieck wird die Auseinandersetzung bewusst, die es bei den intensiven Interaktionsphasen im Blick zu behalten gilt. Neben der Interaktion der Beteiligten sollte die Auseinandersetzung mit dem gemeinsamen Gegenstand beachtet werden. Repräsentationen bilden die Kinder durch ganz unterschiedliche Lernanlässe (siehe Abbildung, S. 53).

Innerhalb des Interaktionsprozesses wurden mehrere Punkte herausgearbeitet, die für eine gelungene Interaktion von Bedeutung sind.

Die Tabelle auf S. 104 (siehe auch Anhang, S. 114 ff.) gilt als Raster, um den eigenen Interaktionsprozess während einer Bilderbuchbetrachtung mit den Kindern bzw. anderen intensiven Interaktionsphasen differenziert zu beurteilen. Dabei kann jede Pädagog/-in für sich erkennen, wo die Stärken und die Schwächen ihres Interaktionsprozesses liegen.

7.1 Praktische Durchführung

Zur Durchführung einer Videobeobachtung des eigenen Handelns ist es sinnvoll, Kollegen/-innen zu bitten, die Interaktion zu filmen. Die Kinder müssen im Vorfeld informiert werden, damit sie Zeit haben, sich an diese Situation zu gewöhnen. Sinnvoll ist es auch, im Vorfeld die Regeln abzusprechen, wie zum Beispiel, dass die Kamerafrau oder der Kameramann während des Filmens nicht gestört werden darf, aber im Anschluss jede/r die Möglichkeit bekommt, den Film zu sehen. In der Regel verliert die Kamera schnell ihren Reiz, wenn die-

oder derjenige, die/der die Kamera bedient, den Blickkontakt mit den Kindern unterbricht, indem sie/er über das Display die Situation beobachtet. Daran lässt sich sehr gut sehen, wie wichtig der Blickkontakt für den Aufbau einer Interaktion ist.

7.1.1 Kamera

Gut ist es, einen Camcorder zu benutzen, der Daten (die Filmsequenz) auf externe Speichermedien (Mini-DV-Kassetten) aufnimmt. Damit entfällt der Aufwand der Datenspeicherung auf einer Festplatte, und es kann beliebig auf das Material zurückgegriffen werden. Damit gelingt eine Dokumentation, die es erlaubt, frühere Aufnahmen mit späteren zu vergleichen und die Veränderungsprozesse wahrzunehmen. Derzeit gibt es sehr viele unterschiedliche Filmformate, sodass das Arbeiten mit Videomaterial sehr aufwendig sein kann. Am einfachsten ist es, die Kamera für die Auswertung und Reflexion an einen Rechner (Computer), externen Monitor (Fernseher) oder einen Beamer anzuschließen und die Aufnahmen auf einem großen Bildschirm zu betrachten.

Camcorder können häufig über die Landesmedienzentren der einzelnen Bundesländer kostenfrei bzw. relativ kostengünstig entliehen werden. Die Anschaffung eines Camcorders für den Kindergarten ist eine sehr gute Investition. Insbesondere für die Beobachtung und Dokumentation gilt es, sich Bildungs- und Lernprozesse der Kinder ebenso wie das eigene Handeln differenziert bewusst zu machen. Die Kamera bzw. die Nutzung von Aufnahmen zur Reflexion im Team und auch dafür, sich selbst aus einer „Fremdperspektive" wahrzunehmen, sind dafür ein gutes Mittel.

7.1.2 Reflexion

Um den Interaktionsprozess im Anschluss differenziert wahrnehmen zu können, wurde hier ein Raster für die Beobachtung entwickelt. Das Raster orientiert sich an den zuvor dargestellten Möglichkeiten der Interaktion, die zu intensiven Interaktionsphasen führen. Bei der Beobachtung liegt der Fokus auf folgenden Fragen:

- In welcher Sozialform findet der Interaktionsprozess statt?
- Worüber tauschen sich Kinder und Erzieher/-innen aus (gemeinsamer Gegenstand)?
- Wie wird der Interaktionsprozess aufgebaut?

Das Raster dient dazu, den Interaktionsprozess mit Blick auf folgende Aspekte einzuschätzen:

- Initiieren
- Nachspüren
- Abwarten/Zuhören
- Motivieren
- Reagieren
- Erweitern
- Delegieren

Für die Einschätzung der Interaktionsmöglichkeiten ist es sinnvoll, die im Kapitel „Was führt zu intensiven Interaktionsphasen?“ dargestellten Interaktionsformen/-fragen noch einmal durchzugehen.

Bei längeren Interaktionsphasen empfiehlt es sich, die Interaktion in 3-Minuten-Intervallen einzuschätzen. Dazu wird das Raster sukzessive jeweils durchgegangen und entsprechend ergänzt.

Sozialform	Bei welcher Sozialform wird die Interaktion beobachtet?
Dyadisch: Erzieher/-in und ein Kind interagieren gemeinsam	
Kleingruppe: Erzieher/-in und einige Kinder sind an der Interaktion beteiligt	
Gesamtgruppe: Die Interaktion findet mit Erzieher/-in in der Gesamtgruppe statt.	

Gemeinsamer Gegenstand	Kann ein gemeinsamer Gegenstand der Interaktion beobachtet werden?
Numberacy	
Literacy	
Natur	
Gestalten, Malen (künstlerisch)	
Bauen (technisch)	
Sonstiges	

Interaktionsform	Was habe ich beobachtet? Welche Interaktionsmöglichkeiten werden dem Kind eröffnet?		Woran will ich arbeiten?
Initiieren Von wem wird Kontakt aufgenommen?	**Kindinitiiert** Das Kind hat die Interaktion angeregt.		
	Erwachsenen-initiiert Der/die Erzieher/-in hat zur Interaktion aufgefordert.		
Nachspüren Wird nachgefragt oder das Kind zur weiteren Interaktion ermuntert?			

Interaktionsform	Was habe ich beobachtet? Welche Interaktionsmöglichkeiten werden dem Kind eröffnet?	Woran will ich arbeiten?
Abwarten/Zuhören Wird dem Kind genügend Zeit eingeräumt, um zu interagieren, oder folgen die Aufforderungen schnell nacheinander?		
Wird das Abwarten durch aufmerksames Zuhören und Blickkontakt begleitet?		
Motivieren Wird versucht, das Kind für den gemeinsamen Gegenstand zu interessieren?		
Reaktion Wird die Interaktion des Kindes bestätigt?		
Erweitern Wenn auch nach der Motivationsphase das Interesse am gemeinsamen Gegenstand besteht, wie wird die Interaktion dann fortgesetzt?		
Unterstützend („scaffolding"): indem konstruktive Hinweise oder Erklärungen gegeben werden.		
Dialogisch entwickelnd: indem gemeinsam durch Fragen und Austausch von Ansichten neue Perspektiven dazugewonnen werden.		
Delegieren Im Interaktionsprozess wird auf die Kompetenzen der Kinder zurückgegriffen, sodass die Kinder die Spielführung übernehmen, Sachverhalte anderen Kindern erklären usw.		

(siehe Anhang, S. 117)

Im Anschluss daran soll überlegt werden, wie der Interaktionsprozess verändert werden könnte, damit die Kinder möglichst viele Möglichkeiten erhalten, ihre eigenen Ideen, Erfahrungen und Gedanken in den Prozess einzubringen.

Unter diesen Perspektiven werden die einzelnen Phasen der Interaktion durchgegangen und die Ideen in der Spalte „Woran will ich arbeiten?" festgehalten.

In einem weiteren aufgenommenen Interaktionsprozess wird überprüft, ob es gelungen ist, die Veränderungen in die Interaktion einfließen zu lassen, bzw. woran es liegen könnte, dass das Vorhaben schwer umsetzbar war.

Über eine solche zyklische Beobachtung des eigenen Handelns kann schrittweise an der eigenen Interaktionshaltung gearbeitet werden, um diese immer mehr zu öffnen für konstruktivistische bzw. sozialkonstruktivistische Interaktionsformen, die den Kindern relativ viele Möglichkeiten einräumen, sich als „Akteure/-innen" an den Interaktionen zu beteiligen und Unterstützung dabei zu finden, ihre Ideen im Kindergarten umzusetzen.

Planung: Was soll videographiert werden?
Aufnahme
Auswertung mit Beobachtungsraster
Wurden die Ziele erreicht?
Woran muss noch gearbeitet werden?

Durchführung

7.2 Exkurs

Auch in dem „Gemeinsamen Rahmen der Länder für die frühe Bildung in Kindertageseinrichtungen" (Jugend- und Kultusministerkonferenz, 2004), der als Grundlage diente, Bildungs- und Orientierungspläne in den einzelnen Bundesländern zu entwickeln, findet sich folgender Hinweis:
„Es empfehlen sich Lerninhalte, die die Lebenswelt der Kinder betreffen und an ihren Interessen anknüpfen ..."

Warum ist das Anknüpfen an die Interesse von so unglaublich großer Bedeutung?

Dazu folgender Hinweis: In Situationen, in denen wir uns als hoch motiviert und interessiert erleben, erfahren wir uns selbst als:[1]

Kompetent
- Die Anforderungen, mit denen wir konfrontiert werden, passen zu unseren Fähigkeiten. Sie sind weder zu einfach noch zu anspruchsvoll.

Autonom
- Wir können die Anforderung eigenständig bewältigen und sehen auch, dass wir Dinge unseren Interessen entsprechend selbst verändern und beeinflussen können.

Sozial eingebunden
- Wir erleben uns als zu der Gruppe gehörig und geborgen.

Die Empfindungen steuern das Interesse nicht nur von Erwachsenen, sondern auch im Besonderen von Kindern. Daher ist es bei den Angeboten bzw. den Erfahrungsbereichen, die wir Kindern eröffnen, stets wichtig zu reflektieren, welche Möglichkeiten dem Kind über die Interaktionsprozesse konkret angeboten werden und ob das Kind sich hier auch als kompetent, autonom und sozial eingebunden erleben kann.

---

[1] *Diese Auflistung schließt sich an die Motivationstheorie von Deci und Ryan an. Auch andere Theorien, wie zum Beispiel die zu den Interessenkonstrukten von Andreas Krapp, Hans Schiefele und Klaus Peter Wild, setzen sich differenziert mit der Frage auseinander, wodurch sich Interessen auszeichnen.*

8 Literatur

8 Literatur

Ahnert, L . (2008[1]): Bindungsbeziehungen außerhalb der Familie: Tagesbetreuung und Erzieherinnen-Kind-Bindung. In: L. Ahnert (Hrsg.): Frühe Bindung. Entstehung und Entwicklung. © 2. akt. Aufl., 2008, Ernst Reinhardt Verlag, München/Basel, S. 256–280. www.reinhardt-verlag.de

Ahnert, L. (2008[2]): Die Beziehungserfahrungen der Vorschulzeit und ihre Bedeutung für den Schuleintritt. In: Zeitschrift für Empirische Pädagogik, 22/2. S. 145–159.

Brandt, W./Wolf, B. (1985): Erzieherverhalten und Lernumwelt des Kindergartens. In: H. Nickel (Hrsg.): Sozialisation im Vorschulalter. Weinheim: VCH. S. 122–140.

Damm, A. (2007): Ist 7 viel? Frankfurt/Main: Moritz Verlag.

Erikson, Erik H. (1973): Identität und Lebenszyklus. © Erik H. Erikson 1959. © der deutschen Ausgabe Suhrkamp Verlag, Frankfurt am Main, 1966.

Fthenakis, W. et al. (2005): Auf den Anfang kommt es an. Perspektiven für eine Neuorientierung frühkindlicher Bildung. Berlin: Bundesministerium für Bildung und Forschung.

Ingenkamp, K./Lissmann, U. (2008): Lehrbuch der Pädagogischen Diagnostik. Weinheim: Beltz.

Jugend- und Kultusministerkonferenz (2004): Gemeinsamer Rahmen der Länder für die frühe Bildung in Kindertageseinrichtungen. Gemeinsamer Beschluss der Jugendministerkonferenz und Kultusministerkonferenz vom 13./14. Mai 2004. Gütersloh.

Kemple, K.M./David, G.M./Hysmith, C. (1997): Teachers' Interventions in Preschool and Kindergarten Children's Peer Interactions. In: Journal of Research in Childhood Education, 12/1, 34–47.

König, A. (2005): Bildung durch Bilder, Musik, Phantasie oder Wissen? Über die Bedeutung des konstruktivistischen Bildungsverständnisses für eine einheitliche Handlungsdidaktik in der Pädagogik der frühen Kindheit. Eine Praxisstudie. Verfügbar unter: www.kindergartenpaedagogik.de/1408.html. Zugriff am 15.05.2009.

König, A. (2008): Pädagogik der frühen Kindheit. In: Th. Coelen/H.-U. Otto: Grundbegriffe der Ganztagsbildung. Wiesbaden: VS. S. 311–320

König, A. (2009): Interaktionsprozesse zwischen ErzieherInnen und Kindern. Eine Videostudie aus dem Kindergartenalltag. Wiesbaden: VS.

Laewen, H.-J./Andres, B. (2002): Bildung und Erziehung in der frühen Kindheit. Bausteine zum Bildungsauftrag von Kindertageseinrichtungen. Neuwied: Kriftel.

Liegle, L. (2003): Kind und Kindheit. In: Fried, L. et al. (Hrsg.): Einführung in die Pädagogik der frühen Kindheit. Weinheim: Beltz. S. 14–53.

Lohaus, A. (2004): Frühe Eltern-Kind-Interaktion. In: L. Ahnert (Hrsg.): Frühe Bindung. Entstehung und Entwicklung. München: Reinhardt. S. 147–161.

Mietzel, G. (2001): Pädagogische Psychologie des Lernens und Lehrens. 6. korrigierte Auflage. Göttingen: Hogrefe.

Nordquist, S. (2002): Als Findus zu Pettersson kam. Hamburg: Oetinger.

Pramling, I. (1996): Understanding and Empowering the Child as a Learner. In: D.R. Olsen/N. Tourrance (Hrsg.): Education and Human Development. Malden: Backwell. S. 565-590.

Reusser, K. (2008): Empirisch fundierte Didaktik – didaktisch fundierte Unterrichtsforschung. In: Zeitschrift für Erziehungswissenschaft, 10/9. S. 219–237.

Rogoff, B. (1990): Apprenticeship in Thinking. Cognitive Development in Social Context. New York: Cambridge Harvard University.

Ryan, R. M./Deci, E. L. (2000): Self-Determination Theory and the Facilitation of Intrinsic Motivation, Social Development, and Well-Being. In: American Psychologist, 55. S. 68-–78.

Schäfer, G. (2005): Bildung beginnt mit der Geburt. Weinheim: Beltz.

Schäfer, G. E. (2005): Bildungsprozesse im Kindesalter. Selbstbildung, Erfahrung und Lernen in der frühen Kindheit. 3. Auflage. Weinheim: Juventa.

Schiefele, U./Wild, K. P. (2001): Interesse und Lernmotivation. Münster: Waxmann.

Simó, S. et al. (2000): Mutter-Kind-Interaktion im Verlaufe der ersten 18 Lebensmonate und Bindungssicherheit am Ende des 2. Lebensjahres. In: Psychologie in Erziehung und Unterricht, 47. S. 118–141.

Singer, E./de Hann, D. (2007): The Social Lives of Young Children. Amsterdam: B.V. Uitgeverij.

Siraj-Blatchford, I. et al. (2003): Case Studies of Practice Across the Foundation Stage – Technical Paper 10. London.

Straka, G. A./Macke, G. (2002): Lern-Lehr-theoretische Didaktik. Münster: Waxmann.

Sylva, K. et al. (2004): The Effective Provision of Pre-School Education Project – Zu den Auswirkungen vorschulischer Einrichtungen in England. In: G. Faust et al. (Hrsg.): Anschlussfähige Bildungsprozesse im Elementar- und Primarbereich. Bad Heilbrunn: Klinkhardt. S. 154–167.

Tausch, A. et al. (1973): Effekte kindzentrierter Einzel- und Gruppengespräche mit unterprivilegierten Kindergarten- und Grundschulkindern. In: Psychologie in Erziehung und Unterricht, 20. S. 77–88.

Viernickel, S./Schwarz, S. (2009): Schlüssel zu guter Bildung, Erziehung und Betreuung. Wissenschaftliche Parameter zur Bestimmung der pädagogischen Fachkraft-Kind-Relation. Expertis. Berlin: GEW.

Wilcox-Herzog, A./Ward, S. L. (2004): Measuring Teachers' Perceived Interactions with Children: A Tool for Assessing Beliefs and Intentions. In: Early Childhood Research & Practice, 6/2. Veröffentlicht unter: http://ecrp.uiuc.edu/v6n2/herzog.html. Letzter Zugriff 22.05.2009.

Youniss, J. (1994): Soziale Konstruktion und psychische Entwicklung. Frankfurt/M.: Suhrkamp.

Danksagung

Mein besonderer Dank gilt dem *Kindergarten Hagenstraße 7 in 76185 Karlsruhe* – insbesondere den Kindern sowie Ursula Ruoff und Erna Weiß, die mich seit Jahren großzügig an ihren Ideen partizipieren lassen, wodurch meine Auseinandersetzung mit dem Handlungsfeld Pädagogik der frühen Kindheit wesentliche Impulse gewinnt.

Des Weiteren danke ich den folgenden Kindergärten in Köln und Bonn, die uns bei der Erstellung der Fotos unterstützt haben:
der Caritas Kindertagesstätte Porz, der Kindertagesstätte „Die kleinen Eichen" e. V. in Rösrath und dem Kindergarten St. Georg in Bonn.

9 Anhang

9.1 Sammlung von Fragen

9.2 Kopiervorlage: Projektarbeit

9.3 Kopiervorlage: Interaktionsprozesse

9.4 Kopiervorlage: Reflexion

9 Anhang

9.1 Sammlung von Fragen

Beispiele für „offene“ Frageformen, die Kinder zu differenzierten Antworten verleiten können:	
Erzähl mir davon.	Was sollen wir als Nächstes tun?
Erzähl mir über deine …?	Was würdest du erwarten …?
Erzähl mir, wie es aussieht.	Was würde passieren, wenn …?
Erzähl mir, wie es klingt.	Was würdest du tun …?
Erzählst du mal was dazu?	Weißt du was wir gleich machen?
Gibt es einen anderen Weg, das zu machen?	Wie fühlt sich das denn an?
Ich wundere mich, dass …	Wie funktioniert das?
Kannst du es noch einmal erklären?	Wie hast du …?
Und was musst du jetzt machen?	Wie hast du das gemeint?
Warum ist das so?	Wie hast du das getan?
Warum lacht der denn?	Wie hört sich das denn an?
Was denkst du, wie das geht?	Wie ist das passiert …?
Was glaubst du, was passiert?	Wie kann ich dir helfen?
Was hat man denn dann für ein Gefühl?	Wie können wir …?
Was ist bei euch passiert?	Wie machst du das/es jetzt?
Was ist das denn?	Wie meinst du das?
Was ist das?	Wie sieht der aus?
Was ist denn los?	Wie war das?
Was könnte helfen?	Wieso ist das so?
Was könntest du noch …?	Wo gehen die denn jetzt hin?
Was machst du dann?	Wo hast du das gefunden?
Was meinst du dazu?	Wo ist das denn?
Was möchtest du daraus machen?	Wo warst du denn?
Was möchtest du machen?	Woher hast du das?
Was sind … ?	Woran hast du es erkannt?

9.2 Kopiervorlage: Projektarbeit

Planen eines Projekts:

Zielsetzung formulieren
- Was interessiert mich?
- Formulieren einer konkreten Aufgabenstellung

Projekt planen
- Wie kann das umgesetzt werden?
- Projektskizze erstellen
- Was brauchen wir dazu?
- Kann das allein verwirklicht werden oder brauchen wir Unterstützung durch andere Kinder?
- Wo kann das Projekt verwirklicht werden?
- Was machen wir, wenn eine Pause in der Projektphase eingelegt wird?

Ausführung
- Beschaffung der Materialien
- Umsetzung
- Arbeitspausen
- Weiterarbeit
- Zwischenbericht
- Kritische Prüfung

Einschätzung des Projekts
- Wurden die angestrebten Ziele erreicht?
- Was gilt als gelungen?
- Vorstellung des Projekts in der Lerngemeinschaft

9.3 Kopiervorlage: Interaktionsprozesse

Initiieren

Möglichkeiten	Beispiel
Die Erzieherin/der Erzieher nimmt Blickkontakt zum Kind auf.	
Die Erzieherin/der Erzieher gibt Impulse ohne Interakti onsaufforderung.	
Die Erzieherin/der Erzieher benutzt Fragen, die eine Ja/ Nein-Antwort fordern (mit Interaktionsaufforderung).	
Die Erzieherin/der Erzieher stellt W-Fragen.	

Nachspüren

Möglichkeiten	Beispiel
Die Erzieherin/der Erzieher wiederholt die Aussagen des Kindes.	
Die Erzieherin/der Erzieher fragt nach, ohne an einen Handlungskontext anzuschließen.	
Die Erzieherin/der Erzieher spricht in Ellipsen.	

Motivation

Möglichkeiten	Beispiel
Die Erzieherin/der Erzieher stellt einen Bezug zu bekannten Sachverhalten oder Kontexten her.	
Die Erzieherin/der Erzieher stellt einen Bezug zu dem gegenwärtigen Sachverhalt her.	
Die Erzieherin/der Erzieher fragt nach Ursachen und Gründen.	
Die Erzieherin/der Erzieher sagt, das Kind soll seine Tätigkeit wieder aufnehmen.	

Abwarten/Zuhören

Möglichkeiten	Beispiel
Die Erzieherin/der Erzieher hört zu ohne Blickkontakt.	
Die Erzieherin/der Erzieher hört zu und hält den Blickkontakt zum Kind.	
Die Erzieherin/der Erzieher weist Kinder ab.	
Die Erzieherin/der Erzieher wartet, bis ein Kind seine Tätigkeit vollendet hat.	

Reaktion

Möglichkeiten	Beispiel
Die Erzieherin/der Erzieher gibt Feedback.	
Die Erzieherin/der Erzieher gibt Feedback mit Bemerkungen wie z. B. „gut", „schön" ohne Interaktio nsaufforderung.	
Die Erzieherin/der Erzieher weist die Kinder/das Kind auf Regeln hin.	
Die Erzieherin/der Erzieher gibt Handlungsanweisungen.	

Erweitern

Möglichkeiten	Beispiel
Die Erzieherin/der Erzieher bekundet Interesse am Handlungskontext.	
Die Erzieherin/der Erzieher erklärt, wie oder warum etwas so ist, wie es ist.	
Die Erzieherin/der Erzieher spricht frühere Erfahrungen an, um auf bereits bekannte Techniken und vorhandenes Wissen zu verweisen.	
Die Erzieherin/der Erzieher ermutigt das Kind zu neuen Erfahrungen, d. h. sie regt es an, etwas auszuprobieren. Die Erzieherin/der Erzieher macht einen Vorschlag (Experimentieren).	
Die Erzieherin/der Erzieher stellt Fragen, die auf Probleme verweisen. Die Erzieherin/der Erzieher stellt etwas infrage.	
Die Erzieherin/der Erzieher benennt, was die Kinder getan oder gesagt haben (Impuls Erz.).	
Die Erzieherin/der Erzieher greift die Einwände der Kinder/des Kindes auf (Impuls Kind).	
Die Erzieherin/der Erzieher bestätigt das Tun der Kinder/des Kindes, indem sie das Handeln kommentiert. Damit verbindet sie/er eine Interaktions aufforderung.	
Die Erzieherin/der Erzieher gibt Tipps und konstruktive Hinweise, die das Handeln der Kinder/des Kindes noch verbessern können.	

Delegieren

Möglichkeiten	Beispiel
Die Erzieherin/der Erzieher überträgt den Kindern Aufgaben.	
Die Kinder verrichten Ordnungsdienste.	
Die Erzieherin/der Erzieher verweist auf bestimmte Kinder, die die anderen bei bestimmten Aufgaben unterstützen können.	
Die Erzieherin/der Erzieher überlässt das Vorgehen/die Organisation den Kindern (Management).	
Die Erzieherin/der Erzieher fragt die Kinder bei Problemen.	

Ko-Konstruktion

Möglichkeiten	Beispiel
Erzieher-/in und Kind/Kinder lösen Probleme dialogisch (mindestens vier Turns). Erzieher/-in und Kind/Kinder tauschen sich aus, stellen gemeinsam Fragen, suchen gemeinsam nach Antworten und ergänzen sich gegenseitig.	
Erzieher/-in und Kind/Kinder erfinden Geschichten (mindestens vier Turns). Erzieher/-in und Kind/Kinder tauschen sich aus, stellen gemeinsam Fragen, suchen gemeinsam nach Antworten und ergänzen sich gegenseitig.	

Abschluss

Möglichkeiten	Beispiel
Gemeinsames Überlegen, was gemacht wurde (→ Gedächtnisübung, Erinnerung, Intensivierung)	
Eine kurze Zusammenfassung, worum es ging (→ Erinnerung)	
Überlegung dazu, was mit dem Projekt geschehen soll.	

9.4 Kopiervorlage: Reflexion

Interaktionsform	Was habe ich beobachtet? Welche Interaktionsmöglichkeiten werden dem Kind eröffnet?		Woran will ich arbeiten?
Initiieren Von wem wird Kontakt aufgenommen?	**Kindinitiiert** Das Kind hat die Interaktion angeregt		
	Erwachsenen-initiiert Die ErzieherIn hat zur Interaktion aufgefordert		
Nachspüren Wird nachgefragt oder das Kind zur weiteren Interaktion ermuntert?			
Abwarten/Zuhören Wird dem Kind genügend Zeit eingeräumt, um zu interagieren oder folgen die Aufforderungen schnell nacheinander?			
Wird das Abwarten durch aufmerksames Zuhören und Blickkontakt begleitet?			
Motivieren Wird versucht, das Kind für den gemeinsamen Gegenstand zu interessieren?			
Reaktion Wird die Interaktion des Kindes bestätigt?			
Erweitern Wenn auch nach der Motivationsphase das Interesse am gemeinsamen Gegenstand besteht, wie wird die Interaktion dann fortgesetzt?			
Unterstützend („scaffolding"): Indem konstruktive Hinweise oder Erklärungen gegeben werden.			
Dialogisch entwickelnd: Indem gemeinsam durch Fragen und Austausch von Ansichten neue Perspektiven dazu gewonnen werden.			
Delegieren Im Interaktionsprozess wird auf die Kompetenzen der Kinder zurückgegriffen, sodass die Kinder die Spielführung übernehmen, Sachverhalte anderen Kinder erklären usw.			